AF453029

LETTRE

DE M. LE CHEVALIER DE TINCOURT,

A MADAME LA MARQUISE DE ***.

Sur les Tableaux et Desseins du Cabinet du Roi, exposés au Luxembourg depuis le 14 Octobre 1750.

A PARIS,

Chez MERIGOT, Pere, Quai des Augustins, près la rue Gît-le-Cœur.

M. DCC. LI.

Avec Approbation & Privilege du Roi.

LETTRE
DE M. LE CHEVALIER
DE TINCOURT,
A MADAME
LA MARQUISE DE ***.

Sur les Tableaux & Deſſeins du Cabinet du Roi, expoſés au Luxembourg depuis le 14 Octobre 1750.

LES regrets, Madame, que votre prompt départ a cauſés à tous ceux qui ont eu le bonheur de vous connoître, ne ceſſent point ; votre beauté, votre eſprit, votre ſageſſe leur procuroient un enchantement, que votre plus long ſéjour à Paris auroit perpétué & augmenté : il auroit été pour vous-même une ſource continuelle d'amuſemens agréables & utiles. Votre cœur, il eſt vrai, eſt à l'abri

de toute surprise ; l'Amour qui a,
pour ainsi dire, quitté Cythere pour
fixer ici son empire, auroit vainement
résolu de vous réduire au nombre de
ses sujets ; mais votre esprit n'est pas
également insensible à ce qui peut le
flatter : ne saisissez-vous pas avec empressement tout ce qui est capable d'é-
tendre vos idées & en perfectionner
vos connoissances ? Que ce goût, Madame, qui vous a conduite au dernier
Sallon, que cette intelligence qui
vous fait tout pénétrer, ont échapé
une belle occasion à se satisfaire & à
briller ! A peine, Madame, êtes-
vous disparue, qu'un nouveau sanc-
tuaire de Minerve s'est ouvert à l'a-
mour & à la connoissance de la Peinture. Près de cent Tableaux du Cabinet du Roi sont exposés au Luxembourg depuis le mois d'Octobre dernier. Pardonnez-moi, Madame, les
regrets que cette nouvelle va vous oc-
casionner ; n'est-il pas juste, en quelque sorte, qu'ils servent à compenser
les nôtres ? Non, Madame, je veux
autant qu'il est en moi les diminuer ;
agréez que je prévienne votre curiosité, ma plume va hazarder, sous vos
auspices, de suppléer aux inconvéniens

de votre abſence : heureux ſi je puis vous donner des preuves de mon tendre attachement & de ma ſincere diſpoſition à vous obliger !

Je devrois, Madame, emprunter un peu de votre eſprit & de votre enjouement, pour vous entretenir avec ſuccès des Tableaux dont je me propoſe de vous donner une idée ; je ſerois ſûr de plaire, ſi je pouvois prendre ce ton aimable qui rend les écrits des Dames ſi enchanteurs, ſi je ſçavois imiter dans ma Lettre cette fineſſe, cette légéreté, cet heureux badinage que vous mettez dans les vôtres. Ne vous attendez pas, Madame, à cette métamorphoſe ; je la déſirerois cependant autant pour le bonheur de vous reſſembler, que pour le plaiſir de vous plaire davantage. C'eſt à vous, Madame, à l'opérer, ſi vous la déſiriez vous-même : rien n'eſt impoſſible à une Fée de votre importance. En attendant, Madame, ce miracle, je commencerai tout ſimplement à mon ordinaire ; je vous apprendrai d'abord, que les monumens de la capacité de plus de 40 Peintres de diverſes Nations, dont le Roi a permis l'expoſition publique, ſont placés dans

les differentes piéces de l'appartement,
que la Reine d'Espagne occupoit ci-
devant au Luxembourg. Ils sont ar-
rangés d'une maniere qui ne peut être
que très - agréable aux Dames. Quel
charme & quel plaisir pour elles de
pouvoir s'occuper rapidement de scénes pieuses & galantes , héroïques &
champêtres , tragiques & comiques !
Quel agrément de passer presqu'en
même tems en revûe tous les differens
genres de beauté pittoresque ! de joüir
successivement des oppositions piquan-
tes du heurté & du fini , du fier & du
leché , de l'obscur & du lumineux !
J'en appelle , Madame , à vous-même.
Ne seriez-vous pas extrêmement satisfaite de trouver des portraits auprès
de compositions poëtique ou histori-
que ? de rencontrer des Païsages ou
des Pastorales à côté de Saintes Familles , de voir des traits de l'Ancien &
du Nouveau-Testament figurer avec
ceux des Métamorphoses ? Quelle est
la Dame d'un esprit si singulier, qui
ne trouve quelque morceau qui ne
puisse simpatiser avec elle ? Pour vous,
Madame , dont le goût prend toutes
les formes , & le génie se prête à tou-

tes les idées, vous joüiriez d'autant de plaisirs que les Tableaux offrent de scénes differentes.

Si j'avois, Madame, l'honneur de vous accompagner & de vous intro- Premiere Piéce. duire dans l'appartement où font les differentes beautés qui le décorent, je vous verrois agréablement surprise de trouver dans la premiere piéce treize Tableaux & quatre Desseins, dont le goût different présentent aux Curieux un échantillon de cinq écoles differentes. L'ingénieux & l'agréable contraste! La variété des sujets n'est pas moins heureuse. Il me semble, Madame, vous les voir parcourir tous avec votre vivacité naturelle.

Le premier qui se présenteroit à vos regards, est une composition poëtique Numero premier du Catalogue, d'*André del Sarto*. Des charbons enflâmés & un Hôpital dans l'éloignement, vous feroient tout d'un coup comprendre que l'Auteur s'est proposé de tracer les caracteres de la charité; une femme assise qui tient deux enfans sur ses genoux, dont l'un téte & l'autre crie, forme avec un troisiéme enfant endormi à ses piés, un grouppe que vous goûteriez beaucoup : une certaine vivacité de coloris ne pour-

A iiij

roit, Madame, dérober à la fineſſe de votre coup d'œil le peu de nobleſſe & le manque d'expreſſion de la tête de la principale figure ; quelques incorrections dans les enfans ne vous échaperoient pas. Il me ſemble, Madame, vous voir remarquer la difference qui ſe trouve entre ce morceau & les belles Vierges de ce Maître que nous avons admirées enſemble ; vous critiqueriez dans la Charité le peu de rondeur & de relief dans les objets, & la trop grande ſéchereſſe des contours. L'emplacement, Madame, de ce Tableau à la porte d'entrée, me paroît ingénieuſement affecté. Permettez-moi d'hazarder auprès de vous ma penſée à cette occaſion. Le Public eſt redevable à l'influence d'une charité toute Royale du beau coup d'œil de ces précieux Ouvrages : on a donc mis fort à propos les Curieux dans le cas de commencer la carriere de leur curioſité par ce morceau, & de ne pouvoir la finir, ſans ſe reſſouvenir de la reconnoiſſance dûe au bienfait.

N°. 5. De-là, Madame, ſi vous vous tournez du côté du fonds de la piéce, vos regards tomberoient agréablement ſur une compoſition plus étendue, galante

& d'une grande beauté. Je me fouviens, Madame, des loüanges qué
vous donniez au *Titien*, en me montrant un jour l'Eftampe qui a publié cé
Tableau : vous y trouviez une belle
difpofition dans les figures , de la
beauté, de la molefle & de la pureté
dans les contours de la Nymphe , de
l'agrefte, de la vigueur & du prononc-
cé dans ceux du Satyre, de l'expreffion
dans les airs de têtes , des graces fans
nombre dans le païfage ; vous prétendiez que le contrafte des acteurs , la
fcéne en elle-même , fes épifodes, le
théâtre de l'événement étoient autant
de circonftances , qui vous enga-
geoient à penfer qu'on ne peut mieux
traiter la furprife d'Antiope par Jupi-
ter : vous critiquiez à la vérité quelques figures étrangeres au fujet, par
l'habillement, ou à la fcéne, par leurs
actions. J'applaudiffois, Madame, à
votre goût & à votre difcernement :
vous foupiriez beaucoup après l'original, où il vous fembloit que le Titien
devoit triompher encore davantage
par les charmes de fon coloris, la vûe
ne pourroit que vous flatter beaucoup ; mais duffai-je vous fâcher, il
faut vous apprendre que ce beau Ta-

bleau fe fent malheureufement un peu
trop des impreffions du tems. Je peux
dire à fon occafion, en parodiant des
Vers du Temple du Goût :

> Déja du foible coloris
> Beaucoup de graces font ternies ;
> Il eft encor du rang des Tableaux d'un grand
> prix,
> Non des beautés épanouies.

Cette altération, Madame, des
graces primitives de ce morceau fe fait
d'autant mieux fentir, que vous le
trouveriez accompagné de chaque cô-
N°. 3 & té de deux Portraits en pied, grands
8. comme nature; ils font de la main
de *Vand-Eick.* Celui de la droite repréfente Rubens & fou fils enfant ;
celui de la gauche, fon époufe & leur
fille, auffi enfant. Vous fentiriez bientôt, Madame, que ce ne font pas de
favorables voifins, pour un Tableau
qui commence à grifonner & à s'étein-
dre. Je fçais, Madame, que vous
avez un goût particulier pour les Portraits de ce fameux Eleve de Rubens.
Ceux-là font très propres à le flatter ;
les graces conduifoient fans doute le
pinceau, qui a colorié ces aimables
figures : vérité & nobleffe des attitudes, fraîcheur des carnations, union

des couleurs, font des charmes aufquels il n'eft pas permis d'être infen-
fible.

Après, Madame, que votre vûe fe
feroit agréablement égarée fur ces
beautés, elle tomberoit naturellement
plus bas fur trois célébres Tableaux
d'un Maître de notre école, il font
mutuellement pendans. L'Auteur a
hazardé de repréfenter dans celui du
milieu l'enlevement des Sabines ; à
droite & à gauche font la Mane du
défert & la Pefte des Philiftins. Vous
me prevenez, Madame, & je n'ai pas
befoin de vous nommer l'Auteur de
ces fçavantes & ingénieufes compofitions. Quels Graveurs ne fe font pas
empreffés de les multiplier ? Combien
de fois, Madame, le *Pouffin* dans ces
Eftampes, qui immortalifent fa belle
ame, n'a-t'il pas entretenu votre phi-
lofophie & mérité votre admiration ?
Je vous l'y ai vû comparer aux plus
célébres Peintres Lombards & Ro-
mains, dont vous prétendiez qu'il
avoit tantôt la précifion & tantôt les
expreffions. Vous ne balanciez pas, N°. 7.
Madame, fur la préference qu'il vous
auroit fallu donner à l'une de ces
trois compofitions ; vous couronniez

fans héfiter la Manne dans le Défert. La grandeur de la fcéne, le nombre des groupes, leur excellence, leur liaifon, l'expreffion des figures, la précifion des contours, le caractere du théâtre de l'événement vous y déterminoient. Vous vous en teniez-là, Madame, vous ne me paroifliez pas beaucoup vous foucier de voir le Tableau original, dans la penfée où vous étiez qu'il fuffifoit de confiderer les productions de ce Maître dans les Eftampes pour en juger. Permettez-moi de vous dire, Madame, qu'il eft encore capable de vous furprendre par la bonté & les agrémens de fon coloris; ce Tableau eft un des mieux peints qui foit forti des mains du Pouffin; j'omets le détail qui pourroit vous en convaincre, & j'aime mieux vous laiffer le plaifir de la furprife, au cas que vous vous tranfportiez fur les lieux. Je pafferois légérement, Madame, ou j'omettrois totalement des fujets auffi triftes & auffi affreux, fi j'écrivois à une Dame qui eût un goût moins univerfel que vous. Aucune foibleffe, Madame, n'arrête l'activité de votre intelligence; fi le Tableau précédent & la Pefte des Philiftins font peu pro-

15

pres à amuser un spectateur, ils sont
l'un & l'autre très-dignes de vos réflexions. Combien de fois, Madame, ne
m'avez-vous pas fait remarquer dans
: Estampe les caracteres de terreur &
d'horreur, qui sont répandus dans ce
dernier sujet. Quelle poëfie! difiez-
vous. Quelle science de deffein! Quelle
convenance! Quelle unité d'action!
Que de méditations, continuiez-vous,
de réflexions & de raifonnement n'a-
t'il pas fallu au Pouffin pour accoucher
heureufement d'une fi belle idée! Véritablement, Madame, rien n'eft fi
ingénieux que la difpofition des groupes & le tout enfemble de cette Image.
Quoique ce morceau ne foit pas peint
avec tant d'amour & de fini que le précédent, vous gagneriez cependant,
Madame, à voir un fi excellent Original. L'efprit du Pouffin en anime,
pour ainfi dire, la toile; les attitudes
paroiffent avoir plus de vie que dans
les Eftampes; les têtes font plus parlantes. Je vous avoue, Madame, que
le troifiéme Tableau n'eft pas conçu fi
heureufement, ni traité avec tant d'efprit que les précédens; le fujet n'en
eft pas abfolument tragique; des jeux
font interrompus, une rufe maligne

N°. 4.

N°. 6.

& violente arrache d'entre les bras de leurs peres , de jeunes filles , qui étoient venues y affister. Je me souviens , Madame, que vous m'avez dit un jour, que fi vous vouliez embarraffer un grand Peintre , vous l'engageriez à traiter l'enlévement des Sabines. Le Pouffin , Madame , s'en eft tiré de maniere , que fi vous preniez certaines parties en particulier , vous auriez lieu d'en admirer le fuccès : mais votre goût, Madame, a trop de jufteffe pour en agréer le tout enfemble. Il ne m'a pas paru affez bien lié , & le tumulte n'en eft pas , fi on peut parler ainfi , affez tumultueux. Les devans m'ont paru trop froids, & les fonds trop nuds ; les chevaux qu'il a jugé à propos d'y placer , y figurent mal & ne font que les embarraffer. La licence que l'Auteur s'eft donnée de meubler la fcéne de copies de quelques ftatues antiques , contribue à donner un air froid à plufieurs de fes figures ; les bâtimens ont un air de grandeur , & fe fentent beaucoup des premiers tems de la fimplicité Romaine. Quoique cette compofition ait des défauts confidérables , que le coloris foit fans grace , fans effet , il me femble que vous entreprendriez d'excuser le Pouſſin ; vous diriez s'il n'a pas parfaitement réuſſi, c'eſt beaucoup de l'avoir entrepris.

Vous ſouhaiteriez ſans doute, Madame, trouver enſuite ſous vos yeux quelque ſpectacle moins ſérieux ; une variété déſirée ſi à propos n'a pas été imprévûe : deux magnifiques Païſages N°. 1 & forment aux deux côtés des Tableaux 10. dont je viens de parler, un heureux vis-à-vis. L'emplacement en eſt très-favorable au délaſſement de l'eſprit. *Claude le Lorrain*, Madame, s'eſt propoſé de ſaiſir dans l'un la fraîcheur d'un Soleil levant en été, & dans l'autre l'extrême chaleur d'un Soleil couchant dans la même ſaiſon. Le Peintre a ſçu rendre le coup d'œil de ces Tableaux très-amuſans par les marines dont il les a hiſtoriés, & les ſomptueux édifices dont il les a enrichis ; quantité de petites figures qu'il a miſes en action, rélatives ou à la mer ou aux bâtimens, augmentent encore l'agrément du ſpectacle : on voit dans l'un une eſpéce de Princeſſe qui vient de débarquer ; ſon cortége l'environne, un grand Seigneur la reçoit ſur le port, de grands Vaiſſeaux à gauche ſont ceux que l'Auteur ſuppoſe avoir

servi à la navigation de cette espéce
de Cour débarquée. Je ne sçais, Madame, si vous adopteriez l'idée de
ceux qui ont donné à cet épisode de
Païsage le nom de Débarquement de
Cléopatre; s'ils ne se sont pas trompés,
vous conviendriez bientôt que ce sujet étoit au-dessus des forces d'un Paï-
sagiste. Les figures de l'autre morceau
sont dans des actions plus vraies &
plus à la portée de l'Auteur : certaines
figures de mode qui se promenent,
quelques Matelots qui se battent, sont
dessinés avec une exactitude vraie &
coloriés avec intelligence : vous les
passeriez, Madame, en revûe avec satisfaction. Le plaisir que vous prenez
quelquefois à considerer les effets na-
turels sur la terre, dans les eaux, au
haut des airs, se renouvelleroit avec
quelque surprise de votre part ; ce
n'est point une Peinture, c'est, pour
ainsi dire, la nature elle-même qui se
retrouveroit devant vos yeux : peut-
on joüir d'une illusion plus aimable ?

Comme ordinairement, Madame,
rien ne vous échape, & que vous jet-
tez au moins un coup d'œil sur tout ce
qui se présente, vous ne quitteriez pas
cette piéce sans honorer de vos regards

un Tableau de *Lenfranc* ; il ne les fi-   N°. 2.
xeroit pas long - tems : les tableaux
d'un mode aussi ténébreux & si déplacé,
font peu propres à charmer les yeux
d'une Dame. Cette composition repréfente deux Peres de l'Eglise dans des
attitudes d'une priere très-animée , le
tout ajusté aux régles du contraste ; les
têtes font décorées de barbes des plus
amples ; dans le haut , le Christ cou-
ronne fa Mere : ces deux dernieres figures ne font pas les meilleures. Il me
femble , Madame, que vous fecouëriez
bientôt les oreilles , & que rebutée par
les grands bruns qui dominent par-
tout , & par une certaine dureté de coloris , vous vous retourneriez de l'autre côté pour râcher de deviner quel
est le fujet de celui qui est fon vis-à-
vis.

Je fuppofe , Madame , comme je
le dois , que vous ne feriez pas préve-
nue par le Catalogue. Vous le verriez   N°. 9.
entre les mains de prefque tous les
fpectateurs , qui fans fon fecours ne
comprendroient peut - être rien à ce
qui fait le fujet de leur curiofité ; les
perfonnes d'un efprit aussi cultivé que
le vôtre veulent en toute forte d'occa-
fions s'éloigner des manieres du vul-

gaire. Vous avez, Madame, beaucoup
de pénétration ; mais il y a toute apparence qu'au premier coup d'œil de
ce Tableau, vous ne vous appercevriez pas de ce que le Peintre s'est proposé de représenter. Ce début vous
préviendroit fort mal en sa faveur ;
cependant après quelque examen, vous
verriez qu'il s'agit d'un quelqu'un
qu'on exhorte à adorer les faux Dieux ;
les gens de cheval qui sont à droite &
à gauche , & quelques autres circonstances , vous indiqueroient les suppli-
ces qui lui sont préparés , s'il n'obéit
pas : aucun trait particulier ne vous
feroit pas même soupçonner quelle est
l'époque de l'événement , ni quel est
le héros de la scéne , encore moins
dans quel Pays l'événement est arrivé :
l'Auteur s'est plus appliqué à traiter
son sujet en Peintre qu'en Historien.
Vous sçavez , Madame , qu'en cette
derniere qualité *Paul Veronese* a toujours été un homme fort peu exact ;
souvent les personnes de son Art ne
se proposent que de remplir une toile
selon des régles , dont ils se font fait
une pratique , sans s'embarasser beaucoup de quoi ils la meublent ; c'est
ainsi à peu près que pensoit Cagliari.

Le goût du deffein qui domine dans ce Tableau , & la bonne maniere dont il eft colorié , ne vous auroient pas permis d'héfiter long-tems à y reconnoître les façons de l'Ecole Vénitienne , & en particulier celle de Paul Veronefe. On voit , Madame , des morceaux d'une beauté fort fupérieure à celui ci ; le Maître dont je vous parle y triomphe par la grandeur de la compofition & l'excellence de fon coloris : mais fans fortir de l'appartement , dans la premiere piéce duquel nous fommes encore , vous en trouveriez d'extrêmement inférieurs. Vous penfez trop bien , Madame , pour ne pas faire plus de cas de ce morceau , que celui qui lui fert de vis-à-vis , vous ne pourriez lui refufer une part dans votre eftime , mais vous ne lui pafferiez pas fa bifarrerie. Apprenez cependant , Madame , en le quittant , qu'on a donné à ce fujet le titre de Martyre de Saint Marc : mais cela , me diriez-vous , tient donc la place de tous les Martyrs en général.

A droite & à gauche , au-deffus des deux portes d'entrée , vous appercevriez en vous retirant , deux Portraits buftes , l'un eft celui d'un Cardinal de la Maison de Médicis, de la main du Titien; l'autre, celui d'Adrien VI, qui avoit été Précepteur de Charles V, de celle de Raphael. Les charmes du coloris, Madame, sont d'une grande ressource pour des Portraits : vous avoueriez que le premier est vif & brillant, le second beaucoup plus sec & moins agréable. Qu'il est agréable ! diriez-vous. Qu'il est rare de trouver dans un aussi petit espace un mélange aussi heureux des Ecoles Lombarde, Florentine, Vénitienne, Flamande & Françoise ! Les Maîtres dont les Ouvrages brillent là, sont des plus célébres de chacune de ces Ecoles. Le Poussin seul est supérieur à celle qui le vit Maître, & presqu'égal à celle qui acheva de le former.

Au moins vous faudroit-il, Madame, avant de passer dans une autre piéce, jetter un coup d'œil sur les Desseins : vous vous souvenez que le nombre n'en est pas grand, ainsi le retard qu'ils occasionneroient ne pourroit être long. Ah ! vous récririez-vous en les voyant, voilà deux Bassans, puis deux Rubens. Il me semble vous voir donner promptement la préférence aux deux premiers, indépendamment

Sous le Tableau N°. 6. & à côté.

de la dignité des sujets des seconds.
J'ai remarqué que vous n'aviez jamais
goûté des Desseins de Rubens, d'un
goût pareil à ceux-ci ; mais vous af-
fectionnez beaucoup les naïvetés de
l'Italien : vous trouveriez ceux-là piquans & agréables. J'appréhende que
vous ne pussiez les voir, on doit les
varier de tems à autre : au moins, Madame, pour les Desseins, hâtez votre
retour en cette Ville.

Les grandes piéces de Théâtre, Madame, sont en cinq Actes ; l'amusement que vous procureront la vûe des
Tableaux exposés au Luxembourg, se
divise en quatre tems, à chacun la décoration change. Il me semble, Madame, que ce que vous auriez vû de
beau au premier donneroit une nouvelle ardeur à votre curiosité, vous
voleriez pour passer à la seconde Piéce ; elle est désignée dans le Catalogue
sous le nom de petite Gallerie. Le plus
grand nombre des Tableaux, Madame, est entre les deux cheminées : vis-
à-vis ces cheminées & entre les deux
portes, les autres sont aux extrêmités
dans les embrasemens des fenêtres à
droite & à gauche : on en compte
vingt-trois, & trois Desseins. Poussin,

Petite
Gallerie.

Madame, votre bon ami, fait les honneurs de cette piéce : on n'y a pas moins affecté de variété qu'à la précédente ; le pieux, le profane, le poëtique, le pastoral se servent mutuellement de pendans, & les differentes Ecoles se font valoir l'une l'autre.

N°. 11. 15. 17. 20. Le premier Tableau, Madame, que vous verriez en entrant, est un des quatre de l'illustre François, qui s'est proposé de représenter les saisons de l'année par des traits de l'Ancien-Testament. Heureusement vous commenceriez par le meilleur. Vous connoissez ces sujets par le moyen de vos Estampes ; mais celui-ci seroit, pour ainsi dire, nouveau pour vous ; c'est un chef-d'œuvre de coloris. Vous y feriez vous attendue, Madame, de la part du Poussin ? Il est d'une union de couleur admirable : cette heureuse harmonie entretient dans cette représentation un caractere de tristesse & d'obscurité, que vous ne pourriez vous lasser d'admirer. Il me semble, Madame, vous avoir oüi dire que l'esprit de ce Peintre simpatisoit plus avec les idées sérieuses, même les tristes, qu'avec les agréables ou les enjoüées : vous pourriez me faire voir qu'il n'est pas

permis d'en douter : il a incomparablement mieux réuffi à fon Déluge qu'au
Paradis terreftre & aux deux autres
traits, qui caractérifent l'Eté & l'Automne, ne pourroit-on pas dire même
que le Pouffin n'a pas fi heureufement
choifi fes deux derniers fujets ? La
même difference fe remarque encore
dans fon triomphe de Flore. On ne reconnoit point l'Auteur du Déluge
dans le Printems. Combien de fois,
Madame, n'avez-vous pas critiqué les
deux feules figures qu'on y voit ; vous
fouhaitiez pour l'honneur du Pouffin
qu'il n'eût jamais manifefté un pareil
morceau ; il fembleroit que comme
Homere, le bon homme s'étoit endormi pour cette fois ; vous trouviez qu'il
n'étoit gueres plus éveillé, quand il
deffina Boz & Ruth, & ceux qui rap-
porterent ce gros raifin qui étonna fi
fort les Ifraëlites. Malheureufement,
Madame, le coloris ne dédommage pas
de même qu'à l'Hyver, de la pauvreté
de la compofition, de l'incorrection
& du peu de goût des figures ; vous
m'avez fait appercevoir autrefois des
traits d'efprit dans l'Eté, vous verriez
dans ce fujet un Ciel de cette faifon,
vrai & colorié avec vivacité ; les fonds

du Païſage Printannier ſont aſſez ten-
dres ; mais vous les trouviez peu va-
riés : le théâtre de l'Automne avoit
trop , ſelon vous , l'air d'un déſert.
C'eſt ainſi , Madame , que vous pen-
ſiez au ſujet de ces quatre compoſi-
tions. Si le Pouſſin eut eu l'avantage
d'être votre compatriote & de vous
approcher, vous lui auriez appris qu'il
auroit pût traiter les ſaiſons de l'année
plus richement & plus agréablement.

N°. 14.   Le titre ſeul du ſujet Poëtique de
ce Peintre , dont j'ai parlé plus haut ,
eſt très-capable de prévenir l'eſprit en
ſa faveur. Heureuſement , Madame ,
il ſeroit nouveau pour vous ; mais le
foible de l'Auteur ne vous eſt pas in-
connu : vous ne ſeriez donc pas ſurpriſe de n'y point trouver les graces
du Correge & de l'Albane ; vous y
verriez régner au contraire une peſan-
teur , un ſérieux , qui lui eſt vraiement
antipatique. Quelques figures ſont
deſſinées avec une grande préciſion ,
on y trouve un goût rélatif au ſujet ;
mais ce ne ſont pas les principales.
Vous ne ſeriez , Madame , nullement
fatisfaite de la Déeſſe ; elle n'a preſ-
qu'aucun trait qui puiſſe revenir aux
idées poëtiques qui lui ſont comme
consacrées.

consacrées. Le char sur lequel elle est assise, son attitude, les jeunes enfans qui l'environnent, l'ordre de la marche, les differens épisodes qui meublent les bords de la composition, sont autant de circonstances qui devroient donner une légéreté & une vie qu'on désireroit trouver, mais qu'on ne trouve point. Avec quelle grace & quelle richesse d'images Horace ne donne-t'il pas une idée poëtique du retour du Printems dans deux de ses Odes! Quels agrémens! quelle finesse! Le Poussin auroit dû les saisir, aucun sujet n'est susceptible de plus d'enjouement; vous n'en trouveriez presque point dans son triomphe de Flore. L'Auteur s'est trop attaché à un certain arrangement pittoresque & à un repos qu'il a cru devoir être agréable; mais le mode volage & fripon qui y devoient régner, l'auroient été beaucoup davantage. Vous penserez peut-être, Madame, qu'au moins les charmes du coloris dédommagent en quelque sorte de la foideur de la composition. Je le souhaiterois, Madame, il y régne une monotomie de couleur, qui vous paroîtroit même étrangere à ce Maître; presque toutes les figures

C

font d'un blanc qui tire fur le fale ; jugez quel doit être le coup d'œil de pareilles carnations : rien de moins flatteur, prefque point d'oppofitions, rien de moins piquant.

Si vous vous retourniez, Madame, dans le moment, vous trouveriez vis-à-vis un morceau, qui fait un honneur infini au même Maître ; il eft le feul de grandeur naturelle que vous verriez-là de lui. Le fujet, Madame, en eft pieux ; un groupe de trois ou quatre figures dans des attitudes variées & vraies, réclament la protection de la Mere de Jefus-Chrift : cette puiffante Protectrice fe voit en un des angles fupérieurs du Tableau. Il auroit encore pour vous, Madame, les graces de la nouveauté. Quelque grande idée que vous ayez de la maniere dont le Pouffin deffinoit, vous feriez sûrement étonnée de la noble fimplicité, du fier & du majeftueux, qui fe remarquent dans le tout enfemble & dans chacune partie de ce beau tout ; vous admireriez comme ce Maître, qu'on accufe avec quelque juftice de trop charger fes figures de draperies, a fçu fimplifier celles de ce fujet, on n'y trouve prefque rien à défirer : il me

femble vous voir loüer le mode de ce
Tableau : vous remarqueriez sûrement qu'on y apperçoit des traits qui
ont quelque chofe de commun avec
ceux du terrible Michel-Ange & du
fcrupuleux Annibal. Le coloris, Madame, ne concourt pas moins que les
autres parties à rendre ce morceau de
peinture très-eftimable ; vous en trouveriez les couleurs fondues avec beaucoup d'habileté, elles font accordées
avec non moins d'intelligence ; la lumiere, dont les effets font doux &
harmonieux, contribue avec elles à ce
coup d'œil ami, dont on joüit à la vûe
de cet *ex voto*. Il eft connu, Madame,
par le titre de Notre-Dame au Pilier,
ou d'Atocha. Vous ne le quitteriez pas
fans revenir à votre fentiment, qu'il
auroit beaucoup confirmé. Le Pouffin
avoit un génie particulier & heureux
pour tout ce qui avoit un caractere férieux, févere ou terrible.

A droite & à gauche deux petits
Tableaux font au deffus des deux Sai-
fons du Pouffin. Vous feriez fâchée,
Madame, de les trouver un peu trop
élevés pour la grandeur des figures,
ils font hors de la pleine joüiffance de
la vûe : on s'apperçoit cependant que

l'un eſt de Paul Veroneſe , l'autre du

N°. 18. *Baſſan.* Le premier qui repréſente ſous des habillemens Italiens Moïſe trouvé par la fille de Pharaon , ne fixeroit pas long-tems vos regards : il m'a paru peu ſçavant pour le deſſein , encore moins précieux pour le coloris. La Vendange,

N°. 21. qui lui ſert de pendant , vous amuſeroit davantage , ſi elle étoit dans une ſituation plus commode pour les curieux. Vous aimez , Madame , la vérité dans les attitudes , le Baſſan en mettoit beaucoup , rien de plus naïf que celles du Tableau dont je vous parle. Vous prétendez qu'elles ſont quelquefois un peu froides ; vous dites vrai , & vous pourriez vous en appercevoir dans la Vendange ; vous ne feriez pas inſenſible à la vivacité du coloris, il a quelque choſe de pétillant & d'agréable , qui ſemble échaper à la vûe faute d'être à ſa portée.

Vous chercheriez bientôt , Madame, avec raiſon quelque autre morceau qui fût plus en évidence , vos regards

N°. 13. tomberoient ſur un beau Tableau du même Maître , ſi vous vous retourniez du côté des cheminées : je ſçais que vous n'êtes pas de ces Dames qu'une piété affectueuſe engage à eſtimer un

Tableau , précisément parce que le
sujet est relatif à la dévotion ; je n'i-
gnore pas en même tems que quand
vous en trouvez quelqu'un , dont le
caractere est vrai & touchant , vous
sçavez parfaitement en distinguer &
goûter les beautés. Celui , Madame ,
dont il s'agit , offre un spectacle très-
intéressant. Le Bassan y a représenté
un Christ qu'on met au tombeau : il
me semble que vous remarqueriez avec
votre esprit ordinaire la maniere dont
le Peintre a disposé le lieu de la scéne,
arrangé la scéne elle-même , & éclairé
le tout par une lampe qu'il a introdui-
te avec quelque nécessité ; vous avouë-
riez que toutes ces circonstances rendent le Tableau encore plus frapant
que le sujet lui-même le pourroit être ;
vous vous récririez beaucoup sur l'esprit de l'Auteur ; le goût du dessein
dans la principale figure , les expressions des figures accessoires , leurs attitudes , le coloris , recevroient certainement de votre part des loüanges ,
que vous sçavez si bien prodiguer ou
ménager , selon les occasions. Auriez-
vous pensé , Madame , que ce Peintre
qui ne s'élevoit presque jamais au-
dessus de la nature qu'il avoit sous ses

C iij

yeux , eût pu réuſſir dans des ſujets où il faut ſçavoir deſſiner le nud & l'accommoder au mode qu'on s'eſt propoſé ? Vous pourriez me dire à la vérité , qu'une partie des figures de cette compoſition ſe ſent un peu , & toujours trop , du goût des modes de ſon Pays. Je ne pourrois , Madame , en diſconvenir ; mais vous feriez ſûrement étonnée de voir un trait d'hiſtoire pieuſe auſſi heureuſement traité & auſſi correctement deſſiné par le Baſſan.

Je vous avertis , Madame, que vous n'auriez pas tant de ſatisfaction des deux autres Tableaux , qui ſont à ſes côtés ; j'ai même quelque raiſon de penſer que vous dédaigneriez d'y fixer votre vûe. Ce ſont cependant , Mada- N°. 12. me , deux morceaux du *Valentin* , dont & 16. je vous ai vû quelquefois préconiſer quelques ſujets. Ceux dont il s'agit étoient d'une dignité ſupérieure à ſes talens ; il n'avoit ni aſſez d'eſprit , ni aſſez de ſcience de deſſein pour traiter avec la vérité , ou la vrai-ſemblance néceſſaire des traits de l'Ancien-Teſta- ment : Salomon qui met d'accord deux Meres , qui ſe diſputoient un enfant. Daniel qui confond deux Vieillards , qui accusoient la chaste Susanne , exigent naturellement de la noblesse & de la décence. Le Valentin n'en avoit pas les premieres idées ; les attitudes & les expressions seroient ce que vous trouveriez de moins mauvais ; mais en cette partie vous voulez du vrai , du naturel : vous ne faites aucun cas du strapassé ou de l'outré.

Avec quelle promptitude , Madame, ne voleriez-vous pas du côté des fenêtres pour chercher quelque image qui soit plus de votre goût. Vous rencontreriez d'abord à votre gauche deux spectacles fort differens : une bataille N°. 22. & vous offriroit le désordre d'une dérou- 25. te : un païsage , la tranquillité & les agrémens de la Campagne. Vous n'êtes pas portée , Madame , pour tout ce qui sent le carnage , les amusemens champêtres sont au contraire vos délices. Quand vous ne seriez pas dans cette disposition , vous ne trouveriez pas la défaite de Darius au Bourg d'Arbelles assez bien arrangée , assez correctement dessinée , ni d'un coloris assez bon pour être frappée d'aucune admiration : tout ce qui pourroit vous étonner seroit le prodigieux travail d'un Peintre , qu'on suppose être le

vieux *Brughel*, il n'a eu d'autre effet
que d'enfanter une image confuse
& fort peu raisonnée ; c'est, diriez-
vous, prendre trop de peine pour ne
rien faire de bon ; vous ajoûteriez que
le Païsage & les Lointains font ce
qu'il y a de mieux colorié, & peut-
être la seule partie du Tableau qui soit
du Maître auquel on l'attribue tout
entier. Tout concouroit, Madame,
dans le Tableau de *Paul Bril* à vous
procurer un coup d'œil aimable &
gracieux. Avec quel plaisir votre vûe
ne s'égareroit-elle pas dans la vaste
plaine qui se trouve au centre de ce
beau Païsage ! L'Auteur s'est, ce semble, proposé de représenter un Soir ;
vous le verriez caractérisé par un trou-
peau de chévres & de moutons, qui
se voient sur le devant de la composition, la disposition en annonce le retour à la Bergerie : un amas de bâtimens à droite & une espéce de côteau
à gauche, décoré d'un Château, meublent les bords du païsage & semblent
retenir la vûe au centre ; elle s'y perd,
pour ainsi dire, avec l'horison. Vous
admireriez l'heureuse opposition des
couleurs, elles rendent le coup d'œil
de ce Tableau vif & piquant. Vous ne

feriez pas moins satisfaite de la grande vaguesse qui y crée, pour ainsi dire, des espaces : cette partie, selon vous, n'est pas une des moins admirables de ces sortes de représentations ; je la croirois moi une des plus nécessaires.

Si vous portiez vos regards au-dessus de ces deux Tableaux, vous appercevriez, Madame, encore des sujets pieux, presque tous d'une seule figure. Vous vous écririez peut-être : Quoi ! toujours de la dévotion ? Je conviens, Madame, qu'un Pénitent qui se macere, ou qui fait Oraison dans une solitude, qu'une Magdeleine qui gémit & qui verse des larmes dans un grotte, fussent-ils de la main du Titien ou du Guide, comme le font effective- N°. 23. & ment le Saint Jerôme & la Magdeleine, 24. des embrasemens des fenêtres, sont peu propres à amuser ou à égaïer une Dame. Mais convenez à votre tour, que toutes les personnes de votre sexe n'ont ni les mêmes idées, ni les mêmes sentimens, que quelqu'unes sçavent que tout a son mérite, & que la variété de la nature ajoûte presque toujours à ce mérite un nouvel agrément :

Oüi, la nature en cent façons se plie ;
Sans cesse elle varie
Par ses tons, par ses mouvemens,
Ses images toujours nouvelles,
Nos plaisirs & nos sentimens :
A tous les yeux les trois Graces sont belles.

Vous êtes du nombre des dernieres, & vous avez trop de goût, Madame, pour ne pas avouer que les objets mêmes les plus tristes, peuvent avoir des beautés ausquelles des personnes d'esprit ne doivent point être insensibles. Le seriez-vous, Madame, à tous les traits de la ferveur exprimés dans l'attitude du Saint Jerôme & à ceux de la Pénitence, & de ses douceurs dans celle de la Magdeleine ? De l'esprit des attitudes vous passeriez à la beauté des formes, à l'union des couleurs, à leur brillant & à leur fraîcheur. Le *Guide* à la vérité vous paroîtroit s'être un peu égaré ; son affectation à donner dans l'agréable & dans le tendre dans une occasion qui exigent du triste & du lugubre, paroît un peu déplacée.

Vous goûteriez peut-être davantage N°. 26. le Tableau qui est de l'autre côté de la fenêtre ; le sujet en est une scéne vive, animée & tumultueuse ; les Vendeurs qui étoient auprès du Temple de Jéru-

falem fuïent , pour ainfi dire , pêle-
mêle avec les animaux dont ils trafi-
quoient. Je ferois curieux , Madame ,
d'entendre ce que vous penferiez au
premier coup d'œil de cette compofition du *Benedette* ; il eft très-piquant ,
vous ne pourriez en difcouvenir ; vous
prétendriez peut-être que le jeu de la
lumiere , les appofitions , la légéreté
& la fraîcheur du coloris, ne font que
des parties acceffoires auprès d'un con-
noiffeur , qui juge plus avec raifonnement que par fenfation ; vous trouveriez à redire que le Peintre ait facrifié
le principal à ces fortes d'effets impo-
fans. Je ne vous cacherai pas que le
fujet n'en eft pas trop dévelopé , les
principaux acteurs font trop dans l'en-
foncement. Ils figurent trop peu pour
ne pas échaper aux premiers regards ;
ce font eux cependant que les charmes de ce Tableau furprennent d'a-
bord , mais la réflexion les fait tomber
en quelque forte ; vous feriez peut-
être plus furprife de l'avoir été , que
vous ne feriez fenfible après quelque
examen à tout ce vernis féducteur ,
qui s'éclipfe bientôt devant vous.

Je n'ofe prefque vous dire , Madame , qu'au - deffus vous appercevriez

encore un morceau du Valentin , ce nom n'eſt pas d'un bon augure pour des yeux comme les vôtres. Hélas ! Madame , pour l'honneur de vôtre ſexe , il mérite cependant au moins l'honneur d'être œilladé. L'Auteur s'eſt propoſé de caractériſer la fameuſe Judith , par deux traits fiers & vigoureux ; ce ſeroit à vous à juger s'il a auſſi bien réuſſi dans l'héroïne , que dans la tête de ce ſuperbe Vainqueur, qu'elle tient ſuſpendue à ſa main : le jugement , Madame , ſeroit bientôt prononcé ; mais pour réparer l'eſpéce de déshonneur qui pourroit en réjaillir ſur le Peintre , je vous engagerois ſur le champ à porter vos pas vers les fenêtres oppoſées ; vous y verriez un autre Tableau du même Maître , qui réhabiliteroit en quelque ſorte ſa réputation dans votre eſprit. Le ſujet , Madame , en eſt plaiſant , une Bohêmienne dit la bonne avanture à un Eſpagnol ; vous ririez également de la gravité de celle qui la dit & de celui qui ſe l'a fait dire ; la vérité de leurs attitudes , de leurs habillemens , la curioſité des ſpectateurs , ne pourroient que vous être fort agréables. Que le Valentin , diriez - vous , eſt diſſemblable à lui-même ! Soutenu du naturel , il a quelque force & quelque agrément ; ſans lui , c'eſt un Peintre biſarre , ignoble , ténébreux. Je n'héſiterois pas de ſouſcrire à votre déciſion.

Plus bas , Madame , vous retrouve- N°. 291 riez encore le Pouſſin , il ne ſe montreroit là ni profond , ni magnifique ; c'eſt un de ces ſujets de caprice , où le Peintre profite de la liberté de ſon imagination pour aſſervir quelques figures aux régles les plus exactes de ſon Art : une Bacchanale eſt très-propre pour ces ſortes d'expériences. Vous trouveriez la forme du groupe , les contraſtes des figures qui le compoſent , leurs attitudes , les expreſſions , le goût du deſſein , dignes de la capacité & de l'attention de l'Auteur. Pour le coloris , Madame , vous pouvez en faire une accolade avec celui de ſon triomphe de Flore.

Vous ſeriez peut-être fâchée , Madame, que dans le nombre de Tableaux qui ſont dans cette piéce , il ne s'en trouve point qui ſoit ce qu'on appelle amuſant ; ſi vous vous en étiez plaint dans le moment , vous l'auriez fait un peu trop tôt : au-deſſous de la Baccha-

male du Pouffin, vous en admireriez
un pour fa grande fingularité : ce n'eft,
Madame, ni compofition poëtique,
ni hiftorique, ce n'eft point un caprice
où fe trouvent réunies toutes les régles
N°. 28. de l'Art : c'eft la nature prife fur le fait
à l'occafion d'oifeaux, poiffons, rep-
tiles, plantes, herbes. Oh ! la plai-
fante idée, vous récririez-vous ? Tout
ce qui peut y avoir de détail dans un
nid, dans des petits oifeaux nouveaux
nés, dans le plumage du pere & de la
mere, dans differente efpéce de poiffons groupés fur l'herbe, dans des fer-
pens qui fe gliffent entre des plantes
aquatiques, dans des grenoüilles, dans
des fleurs des champs, dans des brouf-
failles : tout, Madame, jufqu'aux
plus petites particularités, y eft deffiné
& colorié avec un foin & une exactitude, qui pourroient vous étonner.
Jugez, Madame, fi je me fuis trompé
en vous annonçant ce Tableau, comme quelque chofe d'amufant. Il vous
faudroit bien des momens, Madame,
pour en examiner chaque partie en
particulier. La nature du Tableau exi-
ge ce détail : il faut en même tems vous
avertir qu'il n'eft pas propre à former
un beau coup d'œil ; c'eft un morceau

de cabinet, on n'en peut joüir parfaitement que la vûe deſſus, la hauteur à laquelle il eſt placé eſt favorable à cette joüiſſance, vous pourriez, Madame, en profiter à votre aiſe : vous êtes aſſez connoiſſeuſe pour vous appercevoir qu'*Abraham Mignon*, Auteur de ce Tableau, étoit un vrai Allemand. Vous y chercheriez envain du clair obſcur, des oppoſitions, des dégradations, de la fonte dans les couleurs ; ce Peintre ignoroit toutes ces parties, par leſquelles on a encheri ſur le naturel, on l'a embelli & perfectionné ; il imitoit préciſément ce qu'il voyoit, en ſaiſiſſoit quelquefois tout le tendre & toute la fineſſe, mais en retenoit plus ſouvent toute la ſéchereſſe & toute la dureté. La patience & l'exactitude ſont ordinairement le partage des Peintres de ſa Nation, c'eſt préciſément par ces deux qualités que l'Auteur s'eſt rendu recommandable dans ce Tableau.

Après vous être ſatisfaite, il ne vous reſteroit plus que trois morceaux à voir, pour pouvoir aſsûrer qu'aucun de ceux qui ſont dans cette piéce ne vous auroit échapé. Ils ſont, Madame, de l'autre côté des fenêtres ; celui qui

eſt le plus à la portée de la vûe , eſt
d'un Peintre dont vous eſtimé tant les
Portraits : il repréſente un trait de
l'Ancien-Teſtament. Je ſuis perſuadé ,
Madame , que vous ſouririez de la maniere dont *Rimbrant* concevoit & di-
geroit ces ſortes de ſujets : tout ſe reſ-
ſent dans celui-ci de l'ignorance & de
l'ignobilité des idées de ce Peintre ;
vous remarqueriez cependant des expreſſions dans les attitudes ; celle de
Tobie proſterné , celle de ſon fils étonné , vous paroîtroient les meilleures.
Au ſurplus , Madame , la magie du
clair-obſcur & le brillant du coloris ,
donnent à ce Tableau un air ſéduiſant ,
peut-être même vous en impoſeroit-il
au premier coup d'œil : on eſt étonné ,
ſurpris , ſans ſçavoir préciſément de
quoi. Mais j'oubliois , Madame , que
ce fard n'a point de puiſſance ſur votre
eſprit , il rendroit promptement la
juſtice dûe à un Peintre intelligent
dans les lumieres & habile dans le coloris , mais peu verſé dans les parties
les plus eſſentielles d'une compoſition
hiſtorique.

N°. 32. &
33.

Au-deſſus , Madame , deux morceaux
plus ſçavans , plus corrects , doivent
finir & couronner la ſéance. Quoique

ces

ces deux Tableaux ne foient que d'une ou deux figures chacun, ils font dignes d'être confiderés avec attention. Ils font l'un & l'autre de deux Italiens célébres. Le Saint Bruno eft de la main d'un des *Moles*, la Charité Romaine de celle du *Guide*. Ce dernier fujet, Madame, pour peu que vous preniez la peine de vous reculer, vous feroit beaucoup de plaifir ; vous admireriez quelle force l'Auteur a mis dans un groupe compofé auffi fimplement, les têtes paroiffent animées, quelle inquiétude n'apperçoit-on pas dans celle de la fille ? elle eft celle d'une perfonne qui appréhende d'être découverte au moment de fon action charitable ; le prifonnier, fon pere, prend d'elle avec avidité ce que la nature leur a mutuellement indiqué pour derniere reffource à fuftenter la vie ; vous feriez très-contente de la maniere dont le Peintre a fait valoir les têtes en y attirant prefque toute la lumiere, & en y appofant des bruns qui donnent un air de fierté au tout enfemble. L'autre Tableau qui eft au bas de celui-ci, eft enfin, Madame, le dernier de la piéce. On prétend dans le Catalogue, que la figure dans une attitude couchée, eft

celle d'un homme en extafe. J'appréhenderois que vous ne trouviez l'idée
du Peintre peu exacte; mais vous penferiez d'une maniere plus honorable
des contours & du jet des draperies de
cette figure , le maniment du pinceau
ne vous en plairoit pas moins, le coloris a des graces qui font mâles & vi-
goureufes ; vous y remarqueriez une
force digne de l'Ecole des Carraches.
Ne vous avois je pas annoncé avec
juftice , Madame , que les differentes
Ecoles contribuoient autant à la décoration de cette piéce , qu'à celle de la
précédente ? On y trouve de plus ,
comme vous pouvez vous en fouvenir,
un morceau d'Almand. Au refte , Madame , le Pouffin y brille d'un éclat
qui vous flatteroit. Je fçais le cas que
vous faites de ce Maître ; mais comme
vous êtes de fa Nation , je n'en dirai
pas davantage , & je m'en tiendrai-là.

Je n'obmettrai cependant pas de
vous avertir qu'avant de quitter cette
piéce , il vous faudroit jetter au moins
un coup d'œil fur trois Deffeins. Ce
font , Madame , des projets de compofition ; ils n'ont aucune grace à la
vûe , encore moins le mérite d'un certain fini. Leurs Auteurs ont effayé

par-là de juger de l'effet des groupes,
dont ils se proposoient de faire usage.
Vous verriez dans l'un l'idée d'une
Fête sous un berceau, dans l'autre une
espéce de marche d'Epousée. Celui du
milieu un peu plus rendu à la plume,
est un Païsage, qui paroît être une
étude d'après nature : les Peintres en
font ordinairement usage pour la composition de leurs Tableaux. Je ne vous
en accuserai pas, Madame, les Auteurs : outre que je ne suis pas sûr de
les rencontrer juste, je veux vous laiffer le plaisir de la surprise & le mérite
de les deviner.

Sous le
Tableau
N°. 19.

Souvenez-vous, Madame, que vous
auriez déja passé deux tems de votre
amusement, & que la carriere de votre curiosité commenceroit à s'avan-
cer ; j'ai tout lieu de penser que son
ardeur ne se rallentiroit pas ; l'espé-
rance de trouver des beautés supérieu-
res, ou differentes des premieres, lui
donneroit vrai-semblablement une
nouvelle activité. La décoration de la
troisiéme piéce a sur les autres la sin-
gularité d'être composée de Tableaux
de presque tous Maîtres François ;
cette disposition vous détermineroit-
elle à vous y rendre avec encore plus

Salle du
Trône.

de promptitude qu'aux autres ? Je me
hâte de vous en parler : on voit entre
autre dans la Salle du Trône trois morceaux, dont le mérite extraordinaire
afsûre au Pouffin, à *le Brun*, à *François
le Moine*, leurs Auteurs, un honneur
immortel. Vous en connoiffez deux,
Madame, par le moyen de vos Eftampes : combien de loüanges n'avez-vous
pas données à la Conquête de la Franche-Comté & au Raviffement de Saint
Paul, en me les montrant ? Mais, Madame, la gravûre n'a pas encore publié la Continence de Scipion, de le
Moine. Ce dernier Tableau auroit outre les graces qui lui font particulieres,
celles de la nouveauté : je fçais que
vous y êtes très-fenfible. Ah ! que
vous le feriez ; que vous feriez ravie
& enchantée de ce chef-d'œuvre de
peinture ! Quoique la compofition des
deux autres originaux vous foient
connus, ils ne méritent pas moins de
fixer vos regards ; vous feriez agréablement furprife de trouver dans leur
comparaifon le goût & le contrafte de
trois Ecoles differentes ; le morceau
du Pouffin tire fur le Raphael, celui
de le Brun fent beaucoup les Carraches, le Tableau de le Moine a toutes

les graces & toutes les finesses de l'E-
cole Vénitienne.

Vous pouvez vous souvenir , Madame , que vous me faisiez remarquer
quelle grandeur & quel esprit le premier avoit mis dans le groupe des Anges qui soutiennent Saint Paul en ex- N°. 40.
tase ! quel air de tranquillité & de sain-
teté il avoit répandu dans la figure du
Saint Apôtre ! Avec quel goût & quel
choix il avoit varié les têtes ! Avec
quelle scrupuleuse attention il avoit
arrêté toutes les autres parties ! Avec
quel art il avoit fait passer la beauté du
plus beau naturel ou des plus belles
antiques dans ses figures ! Vous retrouveriez tout cela dans un dégré
plus éminent dans l'original ; vous
louëriez encore beaucoup l'Auteur de
l'amour avec lequel il a colorié ce
morceau : on y remarque une certaine
légéreté & une pureté que vous voudriez bien , Madame , ne pas désirer
dans quantité d'autres Tableaux de ce
Maître.

La composition de le Brun est , Ma- N°. 374.
dame , d'un genre tout different : c'est
vous qui m'avez appris à en sentir tout
le fier & tout le terrible. Voyez , me
disiez-vous , comme ce grand Compo-

siteur a sçu allier le mode de son sujet avec l'esprit de son allégorie ; le tumulte & le fracas de l'attaque & de la défense , continuiez-vous , n'apportent aucune confusion dans l'arrangement des parties & la disposition des groupes ; le Héros vainqueur , ajoûtiez-vous , voit d'un air tranquille & majestueux les vains efforts de ses ennemis ; sa présence & ses regards assûrent au génie de la France & à ses vaillans Soldats , une victoire vainement disputée par l'opiniâtreté des uns & la foiblesse des autres ; sa figure l'emporte autant sur toutes les autres , que le Roi Louis XIV. l'emportoit sur tous ses Courtisans ; elle brille avec éclat dans la composition , & toutes les autres semblent se balancer autour de lui , comme un tourbillon auquel il donne le mouvement , sans en ressentir la moindre influence. Il y régne véritablement , Madame , une variété d'attitudes admirables; on apperçoit la force dans les unes, la hardiesse dans les autres ; la fidélité dans celles-ci , l'épouvante dans celles-là , la foiblesse & la lâcheté dans quelques autres ; tout est d'un goût de dessein proportionné à chaque acteur , & rien

n'eſt négligé dans l'arrêté de chaque
partie en particulier. Quoique ce morceau, Madame, ne ſoit qu'une eſ-
quiſſe, on peut le regarder cependant
comme un Tableau terminé, & tel
qu'il a été ſuffiſant pour ſervir de modéle à un des morceaux du platfond
de la grande Gallerie de Verſailles.
Vous ſeriez peut-être ſurpriſe, Madame, de le trouver auſſi-bien colorié
qu'il m'a paru l'être : le pinceau de le
Brun s'eſt en quelque ſorte annobli &
embelli dans ce ſujet, où il ſemble
s'être montré plus grand coloriſte qu'à
ſon ordinaire ; vous admireriez tantôt
le fondu de certaines parties, la pureté
de certaines autres, le tendre de celles-
là, le brillant & le touché de celles-
ci, vous trouveriez dans le tout enſemble un accord, qu'on admire rare-
ment dans les Tableaux de ce Maître.

On en feroit, Madame, ſûrement
plus frappé, ſi le beau morceau de le
Moine ne ſe trouvoit pas au-deſſus.
Ah ! Madame, ſi votre abſence nous
cauſe des regrets, regrettez à votre
tour de n'avoir pas encore vû ce beau
chef-d'œuvre de compoſition & de
coloris. Il ne tiendra qu'à vous, Madame, de joüir du coup d'œil aimable

qu'il procure : ne pourrez - vous pas dans le courant d'une année trouver les moyens & les occasions de nous honorer de votre préfence & en même tems de vous fatisfaire. Ce fujet, Madame, differe également de la fainteté de celui du Pouffin & du terrible de celui de le Brun ; la nobleffe & la dignité en font les caracteres particuliers : il y régne un heureux contrafte d'action & de repos, d'afûrance & de crainte, d'indifference & de curiofité : toute la compofition forme une efpéce de cercle, au centre duquel vous verriez Scipion de bout dans un trône, d'une forme & d'une décoration très-augufte ; fon air eft héroïque, & la maniere dont il écoute la priere du Promis, qui eft à fes pieds ne l'eft pas moins ; la timidité de la Promife, l'efpérance de fa mere, & les differens mouvemens des autres figures, ne font pas moins vrais & moins heureufes : l'enchaînement du tout enfemble vous plairoit beaucoup ; il eft tellement difpofé, que toute la compofition femble ne former qu'un groupe. Le beau groupe ! diriez vous : que les têtes en font variées ! les expreffions fines ! que le goût du deffein en eft coulant &

agréable !

agréable ! que le coloris furtout a de charmes ! Vous en feriez, Madame, enthoufiafmée ; vous conviendriez qu'il n'eft plus befoin d'aller en Italie, pour voir dans les Tableaux des Maî-tres Vénitiens ces graces précieufes de la Cromatique, dont ils fe font tant d'honneur, & dont ils font fi jaloux. Les François enfin les ont égalés, & vous ne pourriez refufer à le Moine la gloire de les faire revivre peut-être avec quelque forte de fupériorité ; vous avoueriez qu'il a dans ce mor-ceau plus de correction que le Titien, plus de jugement que Paul Veronefe, autant d'accord de couleur que le Mutian, plus de tendre & moins de féchereffe que Jacques Blanchart, fur-nommé le Titien François. Ah ! Ma-dame, vous regretteriez fûrement le Moine, en voyant ce beau morceau de peinture ; vous foupireriez avec tout le monde, avec moi, pour ce bel-efprit, qui a conçu la riche idée de l'apothéo-fe d'Hercule, de ce courage laborieux qui en a pu deffiner toutes les parties avec tant d'élégance ; de ce fameux co-lorifte, qui l'a embellie par toutes les graces de la palette de Paul Veronefe & de Rubens. Il femble, Madame, que

E

ce Tableau qu'on voit de lui au Luxembourg, ne rappelle fa mémoire,
que pour renouveller les regrets que
fa perte a fi juftement occafionnés : un
tel homme pour l'honneur de la France, pour fon embelliffement, auroit
dû au moins égaler les années du Titien. Tirons, Madame, le rideau fur
cette perte, je dirois quafi irrépara-
ble, & achevons de parcourir les autres morceaux, qui peuvent mériter
votre attention dans cette Piéce.

Vous auriez encore, Madame,
vingt-deux Tableaux à parcourir &
quatre Deffeins à examiner, fi vous
vouliez que rien n'échapât à votre curiofité. Il feroit jufte, Madame, que
vous commenciez par rendre hommage à celui qui nous gouverne fi glo-
rieufement, & qui a mérité avec tant
de juftice le furnom de Bien-aimé ;
vous ne differeriez donc pas de vous
approcher du Trône, au haut duquel
N°. 47. vous admireriez le Portrait de notre
Augufte Monarque de la main de *Rigaud*. La réputation de ce célébre
Peintre de Portraits ne vous eft pas
inconnue ; vous connoiffez auffi en
particulier ce Tableau par l'Eftampe
de Drevet, qui l'a publié. Vous avoue-

riez, Madame, en le voyant, qu'il est parfaitement digne de son Auteur. Il y régne beaucoup de dignité & de grace. Il est peint avec beaucoup d'amour & de fini ; vous n'y reconnoîtriez point le Vainqueur de Fontenoi ; ce Héros étoit alors dans sa minorité, quand il se prêta au crayon & au pinceau du célébre Rigaud.

A droite & à gauche, Madame, vos regards tomberoient sur deux Portraits bustes d'un Peintre célébre pour le pastel. *Duvivien*, Madame, n'est N°. 48. & pas pour vous un nom absolument 49. étranger ; je me souviens de vous avoir vû donner des éloges à des morceaux de ce Maître : ceux-ci, Madame, dont l'un représente Monsieur le Duc de Berry, & l'autre l'Electeur de Baviere, n'en mériteroient pas moins de votre part ; vous y trouveriez, outre la ressemblance, des effets piquans, de la force & de la légéreté.

Tandis, Madame, que nous en ferions aux Portraits, il vous faudroit en voir encore deux autres, qui sont en petit, mais en pié : beaucoup de personnes les aiment mieux de cette grandeur ; ceux-ci sont à côté de la N°. 56. cheminée : vous reconnoîtriez aisément dans l'un Henri IV. La tête a de la ressemblance, de la vivacité, de l'agrément & de la force; tout le reste vous paroîtroit peint avec pureté & avec quelque goût. Vous conviendriez, Madame, qu'on reconnoît dans ce Portrait l'air magnanime & courageux, que les ennemis même de la France admirerent & respecterent dans ce Roi, le vainqueur & l'amour de ses Sujets. Ce petit Tableau, Madame, est de la main de *François Porbus*, qui en qualité d'éleve de Freminet, quoique Flamand, est admis parmi les Peintres de notre Nation.

N°. 57.   L'autre, Madame, qui représente Henri II. ne vous feroit pas tant de plaisir : peut-être y trouveriez-vous autant de ressemblance; mais vous y chercheriez envain les autres perfections, qui vous auroient flattée dans l'autre; tout son mérite est d'être peint avec quelque sorte de propreté : il est de la main de *Jeannet*. Vous souririez, Madame, & vous diriez que l'art de la Peinture étoit encore alors en France dans son berceau.

Il faut, Madame, qu'on ait pensé que le Public curieux a beaucoup de goût pour les sujets de piété, il semble qu'on a affecté d'en décorer toute cette Piéce ; vous défireriez fans doute qu'on eût difpofé les chofes autrement , les objets triftes font peu propres pour récréer. Vous pourriez cependant vous fouvenir des vers que j'ai rapportés un peu plus haut. Quand on a , Madame , l'efprit auffi bien fait que vous l'avez , on fe livre à tout ce qui fe préfente , quand on y trouve matiere , ou à l'admiration , ou à la réflexion ; je ne penfe donc pas que vous chercheriez à abréger & à écouter une impatience déplacée ; au contraire , j'ai lieu de préfumer que votre attention fe redoubleroit.

Je vous exhorterois , Madame , de porter vos regards à gauche , vous y trouveriez un Tableau , qui pourroit vous furprendre pour la fingularité du fait. Vous feriez vous imaginée que Rigaud eût jamais hazardé de traiter l'Hiftoire fainte ? Quoi ! diriez vous , une Préfentation traitée par un Peintre de Portraits ! Ah ! Madame , vous me permettriez de vous dire qu'il n'eft pas le premier à qui pareil trait feroit arrivé ; je vous obferverois que fon Contemporain Largilierre a fouvent traité l'Hiftoire avec beaucoup de

N°. 35.

succès. Je suis persuadé, Madame, que revenue de votre premiere surprise, vous regarderiez ce Tableau avec une grande curiosité. Vous admireriez une certaine grandeur dans la composition ; le Peintre a en quelque sorte annobli l'ordonnance, soit par la fiction, soit par les licences qu'il s'est cru permises. Vous remarqueriez aussi promptement, qu'il l'a ainsi affecté pour se procurer l'occasion de faire valoir son talent à contrefaire les étoffes. Les métaux, les marbres, tout est d'un fini extrême ; les couleurs sont fondues avec beaucoup d'art, les dégradations & les appositions assez bien ménagées ; il sembleroit qu'il a voulu imiter en quelque chose la distribution des lumieres & la vivacité du coloris de Rimbrant ; mais vous conviendriez qu'il n'en a pas saisi la force & le lumineux. Vôtre sentiment particulier sur cette composition piqueroit beaucoup, Madame, ma curiosité ; peut-être ne voudriez-vous pas prononcer que le Tableau ne fût plus à la portée de votre vûe, je ne pourrois vous désaprouver : véritablement il est placé un peu trop haut par rapport à la petitesse des figures.

Au-deſſus, vous verriez une Flagel- N°. 36.
lation. La préciſion du deſſein , la
douceur du jeu de la lumiere , la ſua-
vité du coloris , vous feroient tout
d'un coup reconnoître les façons de
le Sueur ; deux ſeules figures dont cette
triſte ſeine eſt meublée , ne vous arrê-
teroient pas plus long-tems.

Vous paſſeriez , Madame, au Silence N°. 38.
de le Brun , à ſon Portement de Croix,
à ſon Elévation en Croix. Ces morceaux , Madame , vous paroîtroient
très-ſçavans. La Sainte Famille , ſelon
vous , ſeroit plus eſtimable , ſi elle
n'étoit pas enrichie des dépoüilles
d'Annibal : vous ne pourriez au reſte
diſconvenir que le coloris de ce Tableau eſt ſupérieur à celui qu'on connoît ordinairement à le Brun ; vous
avez toujours prétendu que ces ſortes
de ſujets ne convenoient point à un
Peintre né pour les ſcénes militaires ,
ou pour les inventions allégoriques.
Je me ſuis toujours , Madame , rangé
à votre ſentiment , la Conquête de la
Franche-Comté en eſt une preuve.

Vous admireriez peut-être les ex- N°. 53.
preſſions du Portement de Croix ; mais
j'appréhenderois très-fort que la diſpoſition n'eût à vos yeux l'air d'un bas

E iiij

relief ; vous souhaiteriez la trouver mieux groupée, dessinée d'un goût moins monotone, & coloriée avec plus de force & d'effet.

N°. 51.   Le Tableau, Madame, que vous trouveriez au-dessous, est incomparablement meilleur, peut-être le regarderiez-vous comme une des plus excellentes compositions pieuses que ce grand Peintre a imaginées. Elle est assujettie aux régles les plus universelles de l'art ; le partage des groupes vous plairoit, & chacun en particulier mériteroit un détail exact de votre part. Je suis persuadé, Madame, que vous vous y livreriez avec beaucoup de satisfaction : certaines expressions vous sembleroient dignes du Dominiquin ; la figure du Christ vous paroîtroit peut-être la moins heureuse ; il n'arrive que trop souvent aux Peintres de manquer le héros de leur composition ; c'est cependant, remarqueriez-vous, celle qui devroit mériter toute leur attention. Quelques parties, Madame, sont coloriées avec beaucoup d'amour & de fraîcheur, les masses d'ombres sont légeres & bien débrouillées, la lumiere s'y glisse avec un ménagement qui ne produit aucun fracas vicieux. Votre vûe, Madame, en regardant ce Tableau, ne feroit point troublée, ni trop difperfée ; l'agitation du fujet y eft alliée avec un ordre & un repos qui vous flatteroient, & aufquels vous ne pourriez qu'applaudir.

Vous verriez enfuite, Madame, quatre Tableaux de *Mignard*, fur-N°. 58 nommé le Romain, ce font de petites compofitions ; la Vierge qui préfente une grappe de raifin à l'Enfant Jefus, a des graces dignes des plus grands Maîtres Italiens ; tout y refpire la décence & la piété : vous en goûteriez la correction, la force & le relief des objets, la pureté, le tendre & le gracieux du coloris.

La Foi que vous trouveriez plus bas, N°. 54 a tous les caracteres qui la doivent faire reconnoître ; fon attitude eft fimple, fes draperies bien jettées, les enfans qui l'environnent vous fembleroient peut-être un peu trop lourds ; vous n'ignorez pas qu'on a reproché ce défaut à ce Maître, il vouloit trop arrondir fes contours, & il tomboit dans l'enflé : le coloris en eft affez vif & affez pur.

Une autre Vierge qui tient le petit N°. 45

Jesus sur ses genoux donnant la béné-
diction à Saint Jean-Baptiste , vous
plairoit sans doute beaucoup davantage ; le dessein en est plus précis , les
attitudes décentes & spirituelles , le
coloris vif , pur , même précieux en
quelques parties. La Sainte Cécile ,
qui lui sert de pendant , vous paroîtroit
peut-être encore supérieure pour la
précision du dessein ; les deux figures
sont dans des attitudes vraies & faciles : vous admireriez avec quelle soin
l'Auteur en a prononcé toutes les
parties. Ce morceau , diriez-vous, sent
tout à fait l'Ecole Romaine ; vous
trouveriez qu'il est colorié d'une maniere également forte & gracieuse.

Cette Piéce , Madame , est la piéce
d'honneur pour la France , nos plus
grands Peintres y brillent par quelque
endroit. Sans vous déplacer , Antoine
Coypel vous offriroit un échantillon
de la supériorité de ses talens : c'est ,
Madame , ce beau morceau à qui vous
avez donné un rang si distingué dans
vos Estampes. Rappellez - vous cette
belle composition , où ce Peintre a
représenté Esther devant Assuerus ;
peut-on rien de plus touchant que cette scéne & peut-être de plus vrai ?

Que toutes les parties de ce groupe
font bien réflechies ! que les attitudes
de toutes les figures forment une belle
unité d'action ! Je ne fais, Madame,
que rappeller les réflexions dont vous
avez daignez me faire autrefois parti-
cipant dans une revûe que nous fai-
fions de nos Eftampes. Le Tableau
original a, Madame, une force & un
piquant aufquels vous ne vous feriez
peut-être pas attendue : on regarde
communément ce Peintre comme un
foible coloriste ; je puis vous afsûrer
que ce morceau réhabiliteroit à cet
égard fa réputation dans votre efprit.

A droite, Madame, les talens du
pere de cet illuftre Peintre brillent
aufli dans un morceau de fa main : le
fujet ne pourroit qu'être infiniment de
votre goût. Vous avez, Madame,
toujours été fenfible aux charmes de la
vertu ; vous gémiffez quand vous la
voyez fuccomber fous les artifices du
vice, fon ennemi ; mais vous vous ré-
joüiffez quand vous l'en voyez triompher. Le Peintre, Madame, a repré-
fenté ce triomphe d'une maniere allégorique : vous verriez Hercule porté N°. 423
dans un char monter au cieux pour y
recevoir la glorieufe immortalité. Je

souhaiterois , Madame , vous annon-
cer que l'exécution de ce Tableau répond à la nobleſſe de l'idée ; vous remarqueriez bientôt , que le tout enſemble de la compoſition n'eſt pas
heureuſement groupé , qu'il y a quelque choſe de roide & de peu correct
dans le deſſein , un peu trop d'obſcur
& de peſant dans le coloris ; votre in-
dulgence ordinaire pourroit faire grace à tout cela , & vous louëriez l'air
de grandeur & de fierté , qui ſemble
le dérober à la vûe.

Vis-à-vis , Madame , de ce Tableau ,
votre amour pour tout ce qui eſt à
l'honneur de l'auguſte Maiſon de
Bourbon , trouveroit matiere à s'épa-
N°. 51. noüir. *Vouet* dans deux figures a tracé
le bonheur de la France ſous les années paiſibles du régne de Henri IV.
& la tendre minorité de ſon Dauphin,
qui a enſuite régné ſous le nom de
Louis XIII. Vous goûteriez beaucoup,
Madame , l'air de nobleſſe & de majeſté qui ſe remarque dans la figure de
la victoire ; ſon attitude a beaucoup
de feu, l'expreſſion vous en paroîtroit
tout-à-fait poëtique, elle ſemble cou-
vrir de toute ſa puiſſance le jeune Prin-
ce qu'elle embraſſe. Comme vous en-

tendez, Madame , la langue latine ;
je vous avouerez qu'on ne peut mieux
réaliser par une image sensible le beau
vers suivant :

Ille est quem totis ambit victoria pennis.

La richesse & l'abondance dont
jouissoient alors notre Royaume , sont
caractérisées par des vases & autres
particularités , qui sont des marques
de l'esprit du Peintre : vous aimeriez
la noble élégance dont tout est dessi-
né , & vous ne pourriez reprocher à
ce Tableau , que son peu de vigueur
dans le coloris.

Vous trouveriez au-dessous un sujet N°. 50.
de dévotion : vous voyez , Madame ,
que cette Piéce n'en manque pas : il
est d'un de nos Maîtres qui passent
pour bons coloristes. *La Fosse* y a représenté le Messie, qui parle à la Ma-
deleine devant ses Apôtres. Je ne crois
pas , Madame , me tromper , quand
j'augure que vous ne vous y arrêteriez
pas long-tems ; je sçais que vous n'aimez pas les Tableaux pesans & ténébreux : celui-ci a , outre ces défauts ,
quelque chose dans l'assemblage des
figures qui vous déplairoit : on ne
peut cependant pas disconvenir qu'il

y a du bon dans quelques parties ,
mais il en réfulte un tout qui n'a pas
le bonheur de plaire.

Vous pourriez , Madame , avant de
fortir de cette Piéce , vous dédommager du férieux que vous auroient peut-
être communiqué tant de fujets de
piété. Claude le Lorrain pourroit
avec François Porbus vous égayer
l'efprit par des Païfages. Vous auriez
l'agrément d'en trouver deux du premier qui font pendans ; là votre vûe
s'égareroit dans une prairie meublée
de quelques vaches paiffantes , à qui
un bois fert de fonds ; ici elle fe pro-
meneroit fur la mer & fe perdroit
dans les lointains : les magnifiques
Païfages que vous auriez vûs de ce
Maître dans la premiere Piéce , contribueroient, Madame, à vous faire trouver moins de mérite à ceux-ci ; les figures & les animaux vous en paroîtroient moins corrects , les dégradations moins fenfibles , le coloris plus
vif , mais plus fec & moins précieux.
Vous feriez cependant charmée, Madame , d'y retrouver la nature : fi ce
n'étoit avec toutes les graces dont ce
Peintre fçait quelquefois l'embellir ,
du moins ce feroit avec une certaine

N°. 43.
& 44.

vérité qui eſt toujours agréable.

Le troiſiéme , Madame , eſt un de tous ceux que vous auriez vu le plus propre à amuſer une Dame ; à proprement parler , c'eſt un Païſage hiſtorié par une Fête , occaſionnée par un de ces événemens heureux , qui fait la joye de toute une Nation. Y a-t'il rien à voir , Madame , de plus agréable , qu'une publication de paix ? Le Tableau de Porbus en eſt l'image très-aimable ; il s'eſt propoſé de tracer celle de l'Archiduc Albert avec la Hollande : tout , Madame , dans cette repréſentation reſpire la joye , la jubilation , la tendreſſe & l'amour. Ce Dieu ſourit , & voit avec plaiſir que l'on a enfin abandonné le parti de Mars ; il voit avec complaiſance les cuiraſſes à ſes piés ramper ſur la verdure, les autres attirails militaires mêlés confuſément avec des drapeaux , tambours , jettés confuſément l'un ſur l'autre : les principaux de la Nation s'avancent en corps chacun avec ſon épouſe du centre du païſage ; quelques-uns les précédent dans des attitudes qui ſont les avant-coureurs de la danſe ; une troupe de Muſiciens à droite font retentir les airs du ſon harmo-

N°. 34.

nieux de leurs inftrumens ; quelques Pages font rafraîchir des vins dans une fontaine ; quelques fpectateurs dans les fonds, mi-Païfans & mi-Bourgeois, font ravis d'un fpectacle fi aimable & fi défiré ; de grands arbres à droite & à gauche décorent les deux côtés de la campagne, des Châteaux & une Ville fervent à enrichir les fonds. Cette defcription ne vous fait-elle pas naître un violent défir de voir un fi riche morceau de peinture ? Avec quel plaifir, Madame, vous en détailleriez toutes les parties ! La reffemblance des têtes qui paroiffent autant de portraits, les differentes modes des habillemens, la variété & l'efprit des attitudes, les formes de tant d'objets fi differens, les manœuvres oppofées du pinceau, la vérité de la couleur locale, la perfpective aërienne, la vagueffe du tout enfemble, feroient autant de beautés qui vous enchaîneroient auprès de ce Tableau, & ne vous permettroient de le quitter qu'à regret.

Quatre beaux Deffeins qui vous refteroient à voir, pourroient, Madame, vous dédommager de fon éloignement : vous connoiffez trop bien

les façons de votre bon ami le Pouffin
pour ne pas lui en donner deux ou
trois. Vous avez, Madame, dans vos
Eftampes fon frappement du rocher, A côté du
vous y retrouveriez cette compofition Tableau
dans l'un d'eux ; il n'eft pas néceffaire N°. 37.
que j'entre dans aucun détail fur la
maniere dont il eft exécuté ; la liberté,
le négligé, & l'indécis de ces fortes
d'ouvrages y font comme les caracteres aufquels on reconnoit le génie des
Peintres & particuliérement celui du
Pouffin. Vous verriez encore le deffein
d'un Tableau du même Maître, que la
gravûre a publié. Vous en avez, Madame, l'Eftampe dans votre Recuëil,
rappellez-vous ce fujet où des Amours
portent un Chevalier mortellement
bleffé ; vous trouviez que cette compofition faifoit beaucoup d'honneur à
l'Auteur. Le troifiéme, Madame, eft
un buiffon ardent ; il me femble que
vous y trouveriez plus de précifion de
deffein qu'aux autres, l'exécution m'en
a paru auffi plus légere & plus fpiri-
tuelle. Le dernier eft vraifemblable-
ment une compofition allégorique,
dont vous ne vous donneriez peut-
être pas la peine de comprendre le
fens.

E

Grande
Gallerie. Nous voici , Madame , parvenus à
la derniere décoration , le spectacle
qu'elle vous offriroit formeroit le quatriéme tems de votre amusement. Il
vous faudroit, Madame , passer dans
la Grande Gallerie pour vous en procurer la joüissance. Les scénes que la
plûpart des Tableaux , qui décorent
cette Piéce , vous offriroient à considerer , sont d'une nature beaucoup
plus enjoüée que celles des précédens.
Des traits des métamorphoses , des
aventures amoureuses, des Pastorales ,
des nôces & des fêtes de Village , ont
des graces naturelles ausquelles tout le
monde se livre avec un plaisir toujours nouveau. Je vous avertis seulement , Madame , que vous n'y trouveriez plus aucun morceau de l'Ecole
Françoise , il semble qu'on l'ait exclue
de cette Piéce ; les Ecoles Lombardes ,
Florentines , Vénitiennes , Romaines
& Flamandes , s'y disputent tour à tour
le prix.

Si vous entriez , Madame , par la
porte à gauche, vous rencontreriez un
N°. 87. beau Tableau du *Dominiquin* ; c'est
une image de la foiblesse des plus
grands Héros, pour les charmes dont
la nature n'avantage que trop souvent

votre beau sexe ; elle est aussi une preuve que les Dames triomphent tôt ou tard des cœurs qu'elles ont résolu de subjuger. Les aventures de Renaud & d'Armide, sont célébres dans les Romans : l'adresse avec laquelle les Chevaliers Ubald & Danois retirerent ce valeureux Héros des liens où l'Amour le tenoit prisonnier, est un trait des plus fameux de ces aventures : c'est celui que quantité de Peintres ont entrepris de traiter, il est en particulier le sujet du Tableau dont j'ai dessein de vous donner une idée. L'estime, Madame, que vous m'avez parue avoir pour la partie des expressions, me fait penser que vous feriez un grand cas de cette composition. Deux figures principales y fixent toute l'attention du spectateur, les autres sont épisodiques, & ne forment qu'unité d'action. L'enchantement de Renaud, le plaisir du triomphe dans Armide, sont tracés avec des caracteres qui nous sembleroient animés, tout parle à l'esprit dans ce Tableau, tout y respire la tendresse ; un beau jardin est le lieu où les deux Amans sont mutuellement épris l'un de l'autre, des petits Amours y badinent dans des attitudes

differentes, les deux Chevaliers paroiffent dans un des côtés à travers des
arbres, un bout de Palais fert dans la
perfpective à décorer le jardin. Après
avoir approuvé & beaucoup goûté tout
cela, vous trouveriez peut-être un peu
à redire au goût du deffein, qui régne
dans les deux Amans : il vous fembleroit que l'Auteur ne s'eft point formé
une idée vraie de l'un & l'autre ; il a
donné à fes figures un air trop fort &
trop vigoureux ; on n'y reconnoît
point un homme de la condition de
Renaud, ni une beauté auffi excel-
lente que celle d'Armide. Vous regretteriez encore certainement que ce
morceau de peinture n'ait pas été colorié par Rubens ou François le Moine : ce dernier Maître qui a traité ce
même fujet dans un goût different, l'a
rendu extrêmement féduifant par les
charmes de fon coloris. Il n'en eft pas
ainfi, Madame, de celui du Dominiquin ; les carnations, les draperies,
les arbres, les nues, n'ont ni la fraîcheur, ni le brillant, ni le flou, ni le
vague du beau naturel ; toutes ces
parties font pourtant rendues de fa-
çon, qu'on ne peut pas dire que le
coloris en foit abfolument défagréable.

Si vous tourniez, Madame, vos
yeux fur votre gauche, vos regards
tomberoient fur un autre trait de Ro-
man rempli peut - être d'expreſſions
moins fortes ; mais d'un goût de deſ-
fein plus pur, plus vrai, & d'un coloris beaucoup plus vif & plus piquant.
Je fuis perfuadé, Madame, que ce
morceau vous donneroit une haute
idée des talens du Mole : les trois figures qui font dans cette compoſition,
font groupées d'une maniere également ſçavante & naturelle ; un Ecuyer
foutient Tancrede bleſſé, & paroît
plier fous le poids de fon Maître, dont
l'attitude eſt expirante. Clorinde in-
quiette & amoureuſe, cherche les
moyens de dérober à la mort un ſi
beau Cavalier. L'Amour, Madame,
ne reſpecte perfonne, les Dames les
plus indifferentes trouvent quelquefois des momens où diſparoît toute
leur fierté ; elles aiment alors des objets, qui fouvent ne doivent avoir
aucun retour pour elles. Que penſe-
riez-vous, Madame, de vous-même,
que diroit - on dans le monde galant, ſi vous deveniez un jour la Clorinde de votre ſiécle ? J'eſpére que
vous me paſſerez cette petite digreſ-

fion ; elle prévient en quelque forte
les réflexions que la vûe de ce Tableau
pourra vous occafionner. Il eft deffiné
avec tant de précifion & de caractere,
les attitudes en font fi parlantes, le
maniment du pinceau en eft fi varié,
le coloris fi fort & fi brillant, que
vous ne pourriez échaper à l'impreffion qu'il feroit fur vous ; plus vous
l'admireriez, plus vous voudriez l'admirer : cet hommage, Madame, que
vous n'héfiteriez fûrement pas à lui
rendre, vous feroit commun avec tous
ceux qui ont l'avantage de le voir.

N°. 74.   Vous feriez enfuite, Madame,
agréablement furprife de retrouver encore une Antiope rencontrée par Jupi-
ter. Vous pouvez vous fouvenir, Madame, que le même fujet fe voit dans
la premiere Piéce, il eft fort bien traité par le Titien : celui-ci, Madame,
eft de la main *du Correge*, le nom de
ce Maître eft fameux dans le monde
pittorefque : on voit des amateurs fans
connoiffance, ou des demi-connoif-
feurs applaudir des Tableaux unique-
ment, parce qu'on les foupçonne d'ê-
tre de ce grand Peintre. Je fçais, Madame, que vous ne vous laiffez point
féduire par la prévention : le plus ha-

bile des Peintres n'auroit pas plus de droit de vous en impofer que le plus foible, fi l'un & l'autre s'égaroient également : avec cette difpofition, je fuis prefque sûre, Madame, que vous trouveriez peu d'efprit dans la fcéne du Tableau dont il s'agit ; l'attitude de la Nymphe vous paroîtroit sûrement défagréable, peut-être même bifarre. Je vous ai toujours oüi-dire que le corps d'une femme endormie étoit d'autant plus gracieux, que fa fitua-tion étoit plus fimple & plus naturel-le : le Correge a rendu celle de fon Antiope gênée & racourcie ; jugez, Madame, du coup d'œil défagréable qui en peut réfulter : celle du Satyre eft froide, fans aucun figne d'émo-tion, de curiofité ou d'amour, celle de l'enfant vous paroîtroit entiére-ment déplacée. Quoi donc ! diriez-vous, l'Amour doit-il dormir quand il joue fi bien fon rôle ? Vous la trou-veriez encore d'une incorrection con-fidérable : la méthode cependant de ce Peintre de rendre la lumiere large & prefque également diffufe, & de lui oppofer des fonds de demi teintes, rendent fon Tableau en quelque ma-niere impofant : les objets ont beaucoup de rondeur & de faillie, & peuvent charmer ceux qui jugent d'un Tableau par l'effet. Vous ne laiffez point ainfi, Madame, furprendre votre jugement, & vous ne confondez jamais l'acceffoire avec le principal. Le coloris de ce Tableau acheve l'illufion ; il eft pur, vif & éclatant en quelques parties, il pourroit cependant être encore plus tendre & plus gracieux. Vous ne pourriez, Madame, que défaprouver la forme du Tableau ; elle refferre tellement la compofition, que le Peintre n'a pu embellir le lieu de la fcéne par aucun coup d'œil agréable. Qu'il eft au contraire aimable & charmant dans l'Antiope du Titien !

À près avoir vû, Madame, les foibleffes où l'amour nous engage, & les déguifemens qu'il autorife, je vous confeillerois de vous divertir à confiderer des Nôces & des Fêtes de Village. Volontiers, diriez-vous ; où font-elle ? Des fujets un peu calotins font merveille après les triftes ou les férieux. Quel tapage, bon Dieu ! diriez-vous en voyant fur votre droite la fête de Village de *Rubens* ; cette compofition, Madame, vous feroit éclater

de

N°. 69.

de rire. Vous y trouveriez tous les
événemens bacchiques , comiques ou
tragiques , qui peuvent rendre ces
fortes de fujets intéreſſans ; des con-
vives viennent de quitter une table ,
les uns chantent , d'autres crient & ſe
difent des injures , une danſe en rond
vient de ſe rompre , chaque danſeur
embraſſe la Païſanne avec laquelle il
danſoit d'une maniere differente , &
également enjouée & preſſante ; des
vieillards & des nourrices ſe difputent
les reſtes du feſtin , des chiens
aboyent , des bancs font renverſés.
Vous avoueriez , Madame , que Rubens étoit dans une grande effervef-
cence d'imagination , quand il conçut
l'idée de cette repréſentation burlef-
que : les premiers mouvemens que la
vûe de cette compoſition vous occa-
ſionneroit étant paſſés , vous vous appercevriez infenfiblement que le Peintre s'eſt plus attaché à tracer un grand
fpectacle , également tumultueux &
bouffon , que d'en deſſiner les figures
avec goût ou avec choix ; toute étude
lui a paru bonne , pourvû qu'elle pût
meubler ſa fête , & en varier les attitudes & les expreſſions. Vous n'y
trouveriez donc , Madame , ni la

G

précision des Teniers , ni l'agréable
légéreté de Vatteau ; il y a même apparence que vous y remarqueriez à
regret une certaine gueuserie dans les
coëffures des têtes & dans les habillemens des figures , ce qui vous paroîtroit contre la vraisemblance ; le coloris à la vérité semble racheter ces
défauts ; mais à peine les pourroit-il
pallier à vos yeux. Un certain brillant
de couleur n'a pas la force de vous
éblouir , il ne suffit pas même pour
vous faire regarder un Tableau comme
parfaitement colorié. Un rigoureux
examen fait beaucoup tomber de ce
fard , par lequel Rubens a cherché à
en imposer aux yeux ; le maniment du
pinceau est trop libre & trop cru ,
l'Auteur s'est trop abandonné à sa facilité ; elle ne lui a pas permis de don-
-ner à ses couleurs toute la fonte &
l'union , qui rendent tant de morceaux
de ce Maître si admirables. On con-
vient cependant , Madame , unanime-
ment, que ce Tableau est un des
plus amusans de tous ceux qui se
voyent dans cette Piéce & dans les
autres.

Du même côté , à main gauche ,
vous auriez encore l'agrément de trou-

ver un Tableau à peu près de la même
efpéce ; il repréfente une fête occa-
fionnée par une Nôce. Les acteurs font
Italiens, la fcéne eft pareillement au-
de-là des monts : la compofition eft
d'un des plus célébres Maîtres de Lom-
bardie. Je ferois curieux, Madame,
de voir de quelle maniere ce Tableau
vous affecteroit ; peut-être y trouveriez-vous des beautés que le gros du
Public n'apperçoit point. Ce morceau
ne m'a pas paru avoir le bonheur de
fixer les fpectateurs ; je me fuis apper-
çu que le premier coup d'œil les rebu-
toit. Vous, Madame, qui aimez à
tout approfondir & à tout pénétrer,
vous ne jugez pas d'un Tableau par
les effets du premier coup d'œil. On
ne peut pas difconvenir que celui de
la nôce d'*Annibal*, loin d'être gracieux, n'ait quelque chofe de fombre
& de trifte ; mais vous remarqueriez
bientôt que cette trifteffe ténébreufe,
n'eft qu'un effet de la perte que ce
Tableau a fait des premieres graces de
fon coloris ; la compofition n'en eft
pas moins raifonnée, les attitudes font
variées, les expreffions ont un caractere propre à la vérité, à des Païfans
Italiens : le lieu de la fcéne eft char-

mant; il eſt décoré d'une fontaine, qui eſt peut-être un peu trop magnifi- que ; les devants & les fonds ſont en- richis de beaux arbres : malheureuſe- ment tous ces differens objets ſont devenus d'un ton de couleur preſque égal ; les carnations ſont griſes, les étoffes brunes, le feüiller des arbres opaques & ſans relief, les maſſes d'om- bre ſéches & dures : que d'agrémens ce Tableau ne devoit-il pas avoir, quand il ſortoit des mains d'Annibal ! Il me ſemble, Madame, vous voir faire des réflexions ſur la difference des modes qui regnent dans cette fête, & celle dont je vous entretenois plus haut ; vous l'attribueriez ſans doute au different génie des Nations. Ru- bens a peint dans la ſienne le brutal emportement des Flamands ; le *Carra- che* à ſon tour, le réſervé & le cérémo- nieux des Italiens. Une Nation auſſi galante que la Françoiſe, eſt naturelle- ment ſurpriſe de deux excès, qui an- noncent trop d'attention d'un côté & pas aſſez de l'autre. Tout dans la fête d'Annibal eſt compaſſé, tranquille & ſilentieux ; la danſe y eſt pedante, l'enjouement grave, la galanterie ſé- rieuſe ; la compoſition ſe ſent elle-

même de ces differens caracteres , les
groupes font folitaires , les figures
trop difperfées , rien de vif & de pétillant dans les attitudes & les expreffions. Je fuis cependant perfuadé ,
Madame , que vous prendriez plaifir
à les détailler ; la maniere dont les
unes danfent, les autres fe promenent,
celles - ci caufent , vous feroit peut-
être rire par leur gravité , leur gêne
& leur air réfervé. Vous retourneriez
peut-être encore fur le champ jetter
un coup d'œil fur la fête du Rubens ,
que le Public trouve autant divertif-
fante & amufante , que l'autre lui paroît trifte & ennuyeufe. Je ferois ,
Madame , charmé de fçavoir votre
fentiment, & à laquelle dans le moment vous vous détermineriez à donner la palme.

Si vous vouliez , Madame , fur le
champ voir la difference d'un païfage
exquis pour le coloris , vous pourriez
en élevant vos regards au-deffus des
Tableaux dont je viens de parler ,
vous fatisfaire d'une maniere extrêmement gracieufe. Vous y verriez une N°. 62.
Paftorale de Rubens. La nature de ce
fujet , fon repos , fa galanterie champêtre , fes embelliffemens, fes accidens,

auroient pour vous des charmes d'autant plus vifs, qu'ils font accompa-
gnés d'une fraîcheur & d'un précieux
de couleur, qui femblent infulter à la
nature. Que vos yeux, Madame, fe
repoferoient agréablement fur cette
fcéne aimable & naturelle ! il vous
fembleroit vous retrouver à la campagne dans ces jours d'Eté, où le Ciel un
peu chargé donne occafion au foleil
de produire un arc-en-ciel. On en apperçoit auffi un dans le fonds du païfage dont je vous parle, ce qui lui a
fait donner le furnom de l'arc-en-ciel.
A peine, Madame, auriez-vous tour-
né la tête pour paffer à un autre objet,
que l'image dont vous viendriez de
recevoir l'impreffion vous fembleroit
fi flatteufe, que je fuis prefque fûr
qu'il vous arriveroit ce qui eft arrivé
à quantité d'amateurs & à moi-même.
Vous vous retourneriez, Madame,
comme fit autrefois Orphée pour voir
fa chere Euridice, vous jetteriez de
nouveaux regards fur la Paftorale, qui
auroit encore pour vous de nouveaux
agrémens ; peut-être même ce retour
au Tableau vous arriveroit-il plufieurs
fois.

Si vous étiez curieufe de comparer

une Paſtorale Flamande avec une Ita- N°. 95.
lienne, vous pourriez, Madame, le
faire aiſément : vis-à-vis la cheminée,
on en voit à main gauche une du Mole ; elle ſert de pendant à ce beau
morceau du même Maître, qui eſt de
l'autre côté : on y voit une Bergere,
qui écrit, ou plutôt grave quelque
vers ſur l'écorce d'un arbre ; elle n'a
d'autre compagnie que des moutons,
aucun épiſode n'enrichit la ſcéne.
Vous y trouveriez ſans doute, Madame, beaucoup moins de graces que
dans la précédente, la touche vous en
paroîtroit trop fiere & trop hardie,
pour un ſujet qui devroit reſpirer la
tendreſſe & l'amour ; la figure de la
Bergere ſeroit trop peſante, ſes draperies pas aſſez légeres, les moutons
trop peu étudiés ; la vivacité du coloris & les oppoſitions vous feroient
cependant quelque plaiſir, ils vous
retiendroient un moment près de ce
petit ſpectacle champêtre.

Si vous déſiriez vous amuſer
encore d'un autre de cette eſpéce,
vous trouveriez au-deſſus de Regnaud
& d'Armide du Dominiquin, un
grand Païſage de la main de ce Maître : N°. 88.
vous auriez à regretter qu'on n'ait pas

eu l'attention de le mettre plus à la portée de la vûe. On n'en joüit, Madame, qu'imparfaitement : on s'apperçoit cependant que le fite en eft extraordinaire ; ce n'eft ni plaine, ni forêt : une riviere ferpente autour d'une efpéce de côteau décoré de quelques bâtimens & embelli de quelques arbuftes ; des Batteliers remontent des nacelles, & quelques autres figures fe promenent autour de la riviere & fur fes bords. Les Italiens, Madame, traitent le païfage tout differemment des Flamands ; vous ne verriez point dans celui-ci la lumiere réunie au centre, point d'oppofition ; les formes y font feulement fcrupuleufement arrêtées, la touche en eft plutôt fiere & hardie, que légere & gracieufe, le coloris eft prefque tout d'un ton, & il manque de ce beau fard, que Rubens & tant d'autres Païfagiftes ont employé avec tant de fuccès.

Je me fouviens, Madame, que vous m'avez dit plufieurs fois que les Païfagiftes Ultramontains, donnoient tout à l'efprit & négligoient trop les accidens de la fuperficie ; que les Flamands au contraire fe donnoient des foins & des peines incroyables, pour en contrefaire jufqu'aux plus petites particularités. Il fe trouve, Madame, dans cette Piéce plufieurs preuves de votre fentiment ; ce font deux Tableaux de Philippe Vouvermans & deux de Berghem : le premier avoit des talens plus étendus, le fecond, plus réfferrés ; mais l'un & l'autre ont pouffé la partie du coloris & celle des détails à un dégré où peu d'autres ont pu atteindre. Vous fçavez, Madame, qu'il n'y a guéres de compofition de celui-là où il n'y ait des chevaux ; il y en a dans ceux qui deviendroient les objets de votre admiration au Luxembourg.

L'un repréfente le départ d'une Dame vêtue en Amazone, & de quelques Cavaliers qui paroiffent avoir logé dans une Hôtellerie ; l'autre, des Voyageurs qui font venus prendre leurs chevaux dans l'écurie, les montent pour partir, & s'en vont ; celui-ci, une Bergere qui file au milieu du bétail, qui l'environne ; celui-là, une autre Bergere qui fort du bain. Ces quatre morceaux, Madame, font d'un mérite different ; des deux premiers, l'un eft plus vif, plus lumineux ; l'autre, plus obfcur, moins débroüillé :

N°. 65.

N°. 66.

N°. 67.

N°. 68.

des seconds , l'un est plus pur , plus tendre & plus vrai , l'autre plus sec & moins heureux. Ne vous imaginez pas cependant , Madame , que ce soient des plus magnifiques compositions que ces deux Maîtres ont exécutées. Vous en avez vû , Madame , de beaucoup plus grandes & de plus chargées : pour le détail , il est aussi admirable ; tout est contrefait avec une exactitude & un succès digne de ces deux fameux Peintres. Je n'entrerai , Madame , dans aucun détail à cet égard ; qui connoît quelques morceaux de ces Maîtres , les connoît presque tous ; ils sont tombés dans la répétition , il est vrai , qu'on n'en peut pas trouver de plus agréables & de plus amusantes.

N°. 64. & 65. Plus bas vous trouveriez , Madame , deux petits sujets galans : ce sont deux traits des Métamorphoses , de la main de l'*Albane* ; ce Peintre avoit un talent particulier pour ces représentations : dans l'une on voit Biblis & Caune ; dans l'autre, Apollon & Daphné ; ces petits morceaux sont traités avec beaucoup de précision & de délicatesse de pinceau ; ils tirent un peu sur la mignature. Le premier est décoré d'un

païfage très-agréable ; l'autre eft dénué
d'un ornement fi gracieux.

On dit, Madame, qu'il faut fçavoir
varier les plaifirs pour les trouver plus
piquans & plus aimables. Vous pourriez donc changer de fujet, & revenir
à ceux qui font ou plus férieux, ou
plus fçavans ; ce paffage ranimeroit
votre curiofité & réveilleroit votre
goût : les plus grands Maîtres d'Italie
peuvent contribuer à ce changement
de fcéne. Vous trouveriez d'abord à
droite & à gauche deux beaux Tableaux du Dominiquin ; l'un, eft un N°. 76.
fujet de l'hiftoire ancienne ; l'autre,
un fujet de mode. Timoclée pré-
fentée à Aléxandre, montre plus de
réflexion & de fcience, le concert
une imitation plus jufte & plus heureufe du beau naturel. Vous avez trop
de fentiment, Madame, pour ne pas
admirer la premiere compofition ; le
difpofitif n'en eft peut-être pas ce que
vous trouveriez de meilleur : on ne
peut pas difconvenir qu'il a quelque
chofe de froid. La variété du caractere
des figures, leurs attitudes, la précifion de leurs contours, & particuliérement les expreffions, recevroient fûrement de votre part des loüanges,

que vous prodiguez toujours à des
parties traitées d'une maniere auffi ex-
quife. Le coloris, Madame, n'eft pas
la partie triomphante de ce Tableau ;
les chefs-d'œuvre que vous viendriez
de voir en ce genre contribueroient
beaucoup à vous en faire appercevoir
le foible : il vous paroîtroit fec & dur
en plufieurs endroits.

N°. 70.   Vis-à-vis ce morceau, Madame, eft
celui du Concert, vous ne pouvez rien
voir de plus naïf & de plus vrai ; le
tout enfemble, les habillemens, les
airs de tête, ont été étudiés d'après le
naturel, avec goût & avec beaucoup
d'exactitude. Cependant, Madame,
ce morceau ne vous paroîtroit pas gracieux. La lumiere n'y eft pas piquée
avec affez de vivacité ; les oppofitions
font trop dures & trop brufques, le
coloris eft fombre & fans fraîcheur ;
on y défire un certain mode gai, qui
conviendroit parfaitement au fujet. Je
fuis perfuadé que vous remarqueriez
qu'il femble que ce Peintre fe foit
amufé à donner à fon Tableau cette
force que le Caravagge affectoit, mais
qui ne plaît pas toujours.

        Vous vous appercevriez, Madame,
N°. 91. de cette vérité dans un Tableau du

Guide ; il repréfente une Fuite en Egypte , le deffein eft d'un goût grand & noble ; mais la lumiere qui y eft prefque éteinte , donne à ce morceau un air fombre & ténébreux , qui vous donneroit occafion de penfer que ce Maître s'égaroit , quand il s'avifa de s'entêter d'un mode auffi peu agréable : vous avez trop de délicateffe pour goûter ces fortes de caprices.

Vous retrouveriez , Madame , ce Maître beaucoup plus vrai , plus fage dans deux petits morceaux de pieté ; l'un eft une Sainte Famille , l'autre une Nº. 78. 85 Vierge , qui s'occupe à coudre. Je vous 84. avoue, Madame , que ces deux Tableaux font dignes de fixer tous vos regards & méritent toute votre attention : il faut donc , direz-vous , qu'ils foient très - excellens. Je conviens , Madame , que ces fortes de fujets manquent ordinairement de ce qui rend ceux-ci très-intéreffans. Ils font animés d'un efprit & d'une vie qui vous attacheroient beaucoup ; les attitudes font vraies , nobles & faciles , les expreffions faintes & édifiantes, chaque partie eft arrêtée avec une précifion digne de Raphaël. Jugez d'avance vous-même , fi je n'ai pas raifon de vous les préconifer. Le jugement que vous en porterez , quand vous aurez la fatisfaction de les voir , confirmera fûrement ce que je vous en annonce.

Je fouhaiterois , Madame , que les autres morceaux de pieté qui vous resteroient à voir , fuffent d'une auffi grande force que ces deux derniers , au moins vous ne vous en refuferiez pas la revûe. Vous en verriez , Madame , d'abord deux de l'Albane , quelle difference ne feriez-vous pas de l'un à l'autre ! Autant la Prédication de S. Jean eft heureufe en compofition , correcte de deffein , variée en attitudes , riche en expreffions , agréable de païfage : autant le Baptême du Chrift eft foible de difpofition , pauvre de correction , nud d'accompagnemens. C'eft ainfi , Madame , que de très-habiles hommes font diffemblables à eux mêmes. Vous prendriez , Madame , un plaifir fingulier à difcuter cette difference dans les deux Tableaux pendans , dont je viens de vous parler. Le premier vous plairoit & pourroit vous amufer, le fecond vrai - femblablement vous ennuiroit : le coloris avec les autres parties concourt à faire triompher le Saint Jean : dans le Baptême il eft auſſi foible que tout le reſte.

Un troiſiéme morceau, Madame, N°. 75.
de ce Maître, que vous trouveriez à
votre gauche, vous procureroit, quoiqu'en petit, une agréable ſurpriſe. Le
ſujet en eſt des plus nobles ; c'eſt une
gloire où la Divinité, ſous une figure
viſible, annonce par la majeſté de ſon
attitude, ſon air méditatif & intelligent, les attributs d'immenſité, d'in-
dépendance, de puiſſance, de charité,
qui lui ſont eſſentiels. Un tel ſuccès
ſembleroit réſervé aux Raphaëls, aux
Michel-Anges. Les Anges qui ſoutien-
nent cette principale figure au milieu
de la compoſition, les Saints & les
Saintes qui forment deux autres groupes dans les angles, ſont diſpoſés avec
autant d'intelligence, & deſſinés avec
autant de caractere & de préciſion. La
diſpoſition du tout enſemble, eſt noble & majeſtueuſe. Vous avoueriez
que celui qui eſt adoré, que ſes ado-
rateurs donnent des idées ſublimes du
bonheur qui eſt en Dieu, & qu'il
communiquera aux Bienheureux. Ces
idées céleſtes que l'Albane a pour ainſi
dire réaliſées dans ſon Tableau, occu-
pent tellement l'eſprit des ſpectateurs,
qu'on ne prend pas le tems d'examiner

fi le coloris répond à tout le reste.
Vous le trouveriez plutôt vif & fort,
qu'agréable.

N°. 86.   Une Adoration des Rois de Paul
Veronefe, vous choqueroit tant par
la bifarrerie de la forme du Tableau,
que par le goût de mode qui regne
dans les habillemens des figures; la
fécherefe du coloris ne contribueroit
pas davantage à vous retenir devant
ce morceau : vous ne feriez peut-être
N°. 94. guéres plus de cas de fon Calvaire :
quelques figures à la vérité ont des
expreffions affez touchantes; mais la
compofition ne forme pas un tout
affez heureux, le coloris en eft trop
cru pour pouvoir mériter votre at-
tache.

Vous auriez enfuite, Madame,
l'agrément de choifir parmi plus d'une
demi douzaine de Vierges & Saintes
Familles, celle qui vous plairoit davantage. Si vous vouliez y trouver la
précifion des contours, la décence &
la majefté, celle de *Raphael* pourroit
N°. 96. vous fatisfaire : vous la connoiffez,
Madame, elle fe trouve dans le Re-
cueil de vos Eftampes. Si vous cher-
chiez des effets pittorefques & des
N°. 85. contraftes, celle d'André del Sarte
vous

vous en offriroit avec moins de correction & plus de vivacité de coloris,
que la précédente : fi vous ne vous at-
tachiez précifément qu'au coup d'œil,
ce qui me furprendroit beaucoup de
votre part, deux du Titien & une de N°. 60.
Rubens pourroient furprendre votre 61. & 81.
fuffrage, l'une par fa fuavité précieu-
fe, l'autre par fon éclat vif & pétillant ;
pour la troifiéme furnommée au Lapin
blanc, elle fert là à augmenter le nombre des Tableaux, fans entrer en rang
avec les bons ouvrages de cette efpéce.
Dans l'autre du Titien, il y régne un
mode fage & décent, peut-être même
que la correction vous en furprendroit ; la multitude d'enfans qui font
autour de celle de Rubens, leurs attitudes peu relatives au fujet, le mauvais goût du deffein de la Vierge & de
l'Enfant Jefus, vous la feroient regarder comme un caprice purement
pittorefque, plus rélatif au génie des
Flamands, qu'au férieux des Italiens
& à la délicateffe des François.

Il me femble, Madame, vous voir
couler tout en fouriant fur une Sainte
Famille de *Léonard de Vinci :* vous N°. 82.
auriez peur de falir vos regards, fi
vous les arrêtiez fur une repréfenta-

H

tion aussi gothique , aussi fade & si peu correcte.

Deux petits Tableaux de Raphaël , pourroient peut-être vous retenir un peu plus de tems ; le respect qu'on a communément pour tout ce qui est émané des mains de ce grand homme , y auroient sans doute plus de part , que le mérite de ces sujets & de leur exécution ; l'un représente un Saint Michel , qui terrasse le démon ; l'autre un Saint George à cheval , qui tue un dragon. Hélas ! Madame , vous sentiriez bientôt que l'Auteur étoit encore fort neuf & un vrai écolier , quand il les peignit. M. Crosat cependant n'a pas manqué d'en grossir son Recuëil d'Estampes , qui a publié les plus beaux Tableaux du Cabinet du Roi. C'est ainsi , Madame , qu'on a recuëilli après la mort du galant Wattau , jusqu'à ses moindres griffonages ; des Graveurs ont cru faire plaisir au Public de lui en procurer la possession, & ont trouvé moyen par eux de grossir leur fortune. Le coloris de ces deux Tableaux , est vraisemblablement ce que vous trouveriez de moins mauvais ; il est d'un goût léché & fondu , vrai , léger & précieux même en quelques endroits. Que ce goût gothique avoit étendu loin sa barbarie , puisque tous les Ouvrages des Peintres d'Italie s'en sentoient encore vers la fin du 15ᵉ. siécle !

Il reste , Madame , dans ce côté un Tableau , qui ne vous seroit sûrement pas indifferent ; la nature de son sujet, la maniere vigoureuse & piquante dont il est traité , fixeroient également votre attention. Le *Feti* , Auteur de ce Tableau , l'a tellement composé , que vous distingueriez difficilement s'il a voulu tracer le déplorable état où le genre humain se trouva réduit dans la personne d'Adam & d'Eve après leur péché, ou les caracteres de l'innocence. Je vous dirai seulement , Madame , qu'on l'a donné dans le Catalogue pour un sujet poëtique , qu'on prétend représenter le premier âge. La figure principale , est celle d'une Païsanne Italienne, qui file : le mode en est un peu misérable ; des enfans l'environnent, un homme paroît labourer dans le fonds. Ce morceau , Madame , pétille d'esprit , les oppositions perpétuelles en sont vives & brillantes , le dessein en est d'un indécis qui sent le grand Maître , le maniment du pin-

N°. 80.

H ij

ceau n'annonce pas moins de liberté ; le coloris, quoique dénué de vérité, est cependant moëlleux & d'une belle vaguesse. Il suffit, Madame, d'avoir du sentiment pour être frappé des beautés singulieres de ce morceau, elles ne sont pas véritablement tout-à-fait naturelles ; mais je suis persuadé qu'elles ne vous en plairoient pas moins. On voit quelquefois, Madame, des beautés de caprice, qui font plus d'impression que des beautés régulieres.

Vous en pourriez faire l'épreuve sur le champ : si vous vous avanciez un peu sur votre droite, vous auriez N°. 77. la satisfaction de voir dans le Mariage de Sainte Cathérine, les graces Romaines dans leur plus beau point de vûe. Ah ! Madame, que *Pietre de Cortone* vous paroîtroit un excellent Dessinateur & un excellent Coloriste dans ce Tableau. Vous admireriez, Madame, dans l'Enfant-Jesus, sa Mere & Sainte Cathérine, la dignité, la décence, le relief, la force & le vivant des objets, le tendre, l'agréable, & le précieux du coloris. L'admirable imposture ! diriez-vous, le merveilleux Art, qui par le moyen de quelques lignes & de presque point d'om-

bre rend des couleurs couchées fur une
fuperficie platte capables de repréfenter des objets qui paroiffent vivans !
Les beautés, Madame, de ce Tableau
feroient à vos yeux toutes differentes
de celles de celui du Feti ; elles font
vraies, fimples & régulieres : vous
m'obligeriez beaucoup, Madame, fi
vous me faifiez part de la difference
des fenfations, que vous éprouveriez
à la vûe de l'un & de l'autre.

Dans le fonds, Madame, vis-à-vis
les cheminées, il refteroit un Tableau
qui ne feroit point venu à votre connoiffance ; j'ignore, Madame, fi vous
ne regretteriez pas de vous être déplacée pour le voir. Quoique ce ne foit
qu'un fujet qu'on appelle en Italie de
Famille, j'ai lieu de préfumer que
vous ne feriez pas fâchée de vous en
être approchée, parce que vous vous
mettriez en même tems à portée d'un
beau Portrait de Vand-Eick. Le Ta- N°. 90.
bleau de Famille dont il s'agit, Madame, eft un groupe de plufieurs Saints
& Saintes debout, devant lefquels un
Moine Bénédictin fait fa priere à genoux : il eft de Paul Veronefe. Vous le
trouveriez peut-être, Madame, le
meilleur que vous auriez vû là de ce

Maître, après son Martyr de S. Marc ;
les têtes paroissent autant de portraits,
& les habillemens se sentent un peu
des modes du Pays & du siécle de l'Auteur, il n'avoit point d'autre stile : le
coloris vous en paroîtroit assez vif, en
quelques endroits assez vrai.

Vous ne pourriez, Madame, mieux
faire, que de profiter du moment
N°. 91. pour jouïr de la vûe du Portrait du
Comte de Lux, de la main du plus
fameux éleve de Rubens. Si vous en
auriez vû de fort beaux dans la premiere Piéce, celui-ci ne leur céde en
rien, sinon dans la grandeur : même
beauté d'attitudes, même correction
de dessein, pareille fonte des couleurs,
pareille fraîcheur ; avec cette heureuse
difference, que le Peintre s'est ména-
gé plus d'occasion, par la nature des
habillemens, à faire paroître sa facilité à saisir les differens effets des objets.
Ne trouveriez-vous pas, Madame,
qu'il est heureux de revivre ainsi sur
la toile ? c'est en quelque sorte en recevoir l'immortalité. Ce Portrait a un
pendant : *Antoine More* qui en est
l'Auteur, figure mal auprès d'un Maître aussi célébre que Vand Eick. On
s'apperçoit promptement que ce Pein-

tre étoit Flamand. Tout son Art s'est réuni dans la tête, vous la trouveriez peinte avec vigueur, saillante par la lumiere qui y est réunie, animée par des traits d'une grande ressemblance.

Au fond de la Gallerie, Madame, Nº. 72. vis-à-vis ceux-là, vous pourriez en voir encore un autre ; le nom de celui qu'il représente, sa dignité de Grand-Maître de Malthe, détermineroient peut-être votre curiosité : mais quelle seroit votre surprise de voir un Portrait de *Michel-Ange de Caravagge* ! Quel nom, Madame, pour vos oreilles ! Qui se feroit avisé de penser qu'un Peintre aussi peu aimable eût été employé pour de pareils sujets ? On s'apperçoit au premier coup d'œil, que tout se ressent du génie de l'Auteur. Heureusement, Madame, le mode farouche & terrible qui régne dans la figure en pié, convenoit assez au Chef d'un Ordre militaire ; le Peintre l'a armé de toutes piéces, il lui a donné un regard qui semble insulter à ses enne-mis ; le goût du dessein a quelque chose de négligé, mais de fier ; les effets de la lumiere sont brusques, le maniment du pinceau dur & hardi ; un Page à côté tient le casque du Chef de fon Ordre ; l'attitude en eſt autant reſpectueuſe que celui du Grand-Maî-tre Vignacourt eſt impérieuſe , le coloris en eſt plus ſec , & a moins de caractere.

Tel eſt , Madame , le dernier Tableau par où finiroit preſque la carriere de votre curioſité & le quatriéme tems de votre amuſement : je dis preſque , Madame , parce qu'il ſe trouve dans cette Piéce des Deſſeins preſque tous de Raphaël. A ce nom votre curioſité recevroit un nouveau dégré d'accroiſſement , vous me demanderiez promptement où ſont-ils ? A votre gauche , Madame , du côté de la gran-de Cour Royale , vous en verriez deux , dont l'un eſt vraiſemblablement une des études que ce Peintre a fait pour le Saint Michel , qu'on admire à Verſailles ; l'autre un Chriſt , qu'on met au tombeau. Ce dernier , Madame , vous eſt connu , il ſe trouve dans le Recuëil de M. Croſat , qui enrichit le tréſor de vos Eſtampes : que vous m'avez fait admirer de fois la ſimplicité de cette compoſition , ſon heureux raiſonnement , l'extrême préciſion du deſſein ! la facilité de l'exécution , dont vous appercevriez en voyant l'Original ,

Sous le Tableau N°. &c à c.

l'original, vous étonneroit peut-être.
L'autre, Madame, n'est pas si pur
pour les contours, ni si léger pour
l'exécution. A côté de ces deux premiers desseins, vous en verriez deux
autres, dont l'un est une étude pour
une Vierge. Je souhaiterois, Madame, sçavoir si vous l'attribueriez plutôt à Raphaël, qu'à André del Sarto.
L'autre est d'un éleve de *Santi*, qui
en a tant formé d'excellens. Je vous
laisse à décider, Madame, s'il est de
Jules Romain ou de *Polidor*. Quoiqu'il
en soit, je vous l'annonce comme une
composition qui tient plutôt du caprice, que de tout autre chose ; c'est une
espéce de jeu entre des Tritons & des
Nymphes ; le groupe est sçavant, sa
disposition produit des effets très-pit-
toresques ; le dessein pourroit être un
peu plus pur & pas tant ressenti. Ce
dessein, Madame, est fait de maniere
qu'il paroît fini, il n'a cependant
qu'un Lavis qui vous paroîtroit fort
léger.

En sortant de cette Piéce du même
côté, vous en rencontreriez encore
quatre autres, qui paroissent être de
Raphaël. Celui, Madame, qui représente la Scéne, vous sembleroit admi-

Sous le
Tableau
N°. 87.

I

rable ; vous apprendriez quelle eſt la force du deſſein, puiſque vous y verriez un ſimple trait vous préſenter des expreſſions auſquelles il n'y a rien à déſirer : on ne peut rien de plus léger pour l'exécution que ce deſſein. À peine, Madame, pourriez - vous ſoupçonner qu'il y a de l'ombre, ſi ce n'eſt en un endroit qui ſert de fonds aux figures ; celui qui lui ſert de pendant lui eſt extrêmement inférieur en préciſion, en exécution. J'ai lieu d'appréhender, Madame, que vous n'y trouviez un reſte de goût gothique. C'eſt une eſpéce de Gloire, qui étoit vraiſemblablement deſtinée à embellir un Autel. Les autres ſont des morceaux d'architecture ; ils ont quelque apparence de portail : vous ſeriez charmée de la préciſion dont ils ſont arrêtés, & de la propreté avec laquelle ils ſont lavés.

Sous le Tableau N°. 96.

Il n'en reſte plus qu'un que vous n'avez pû voir que dans vos Eſtampes ou dans des tapiſſeries ; il eſt à main gauche au-deſſous de la Vierge de Raphaël. Ce deſſein, Madame, eſt de la main de ce Maître, & un de ſes plus ſçavans. Votre curioſité & votre goût pourroient-ils trouver un plus beau

terme à fon activité & à fa fatisfaction ? Vous le trouveriez digne , Madame , d'une étude toute particuliere ;
que vous auriez de fatisfaction de
voir l'efprit même de Raphaël immor-
talifer un morceau de papier ! Vous y
verriez le fruit de fes penfées & de fes
réflexions , la juftefle de fes idées , fa
fcience dans les formes du corps humain , fon goût dans le choix des plus
belles , fa pénétration dans les moindres impreflions , que les differens
mouvemens de l'ame laiffent fur les
phyfionomies. C'eft , Madame , d'a-
près ce précieux morceau de papier ,
que les Eleves de ce grand Peintre ont
exécuté , fous la direction de leur
Maître , le beau Tableau qui fe voit à
Rome , où Attila qui fe propofoit la
deftruction de cette Reine des Villes ,
eft effrayé , quoiqu'à la tête d'une
nombreufe armée , de deux figures qui
lui apparurent en l'air , dont l'une lui
parut être Saint Pierre & l'autre Saint
Paul , armé d'un glaive flamboyant :
de - là font forties tant d'Eftampes ,
qui ont publié le Tableau , je dirois
prefque par tout l'Univers, tant de magnifiques tapifferies , qui inftruifent
les ignorans dans les lieux les plus

saints & embelliſſent les plus auguſtes.
Je vous ai déja invité, Madame, à
hâter votre retour à Paris pour ne pas
manquer la vûe des deſſeins; celui-là
ſeul ne ſuffira-t’il pas pour vous y dé-
terminer ? Je conviens, Madame,
qu’en cas de déplacement, vous êtes
ſûre de les trouver remplacés ; mais
retrouverez-vous celui dont je vous
entretiens en dernier lieu? Il eſt, Madame, deſſiné avec beaucoup d’exactitude, d’une préciſion qui fait encore
le triomphe de l’Auteur, il eſt terminé
avec plus de ſoin que ce Peintre ne
faiſoit ordinairement ; les jours ſont
plus vifs, les ombres plus fortes &
bien ménagées, les expreſſions en ſont
ſurtout la partie glorieuſe : Ne vous
ſembleroit-il pas en les admirant, que
le Dominiquin cherchoit en réuſſiſſant
dans cette partie de ſe Raphaéliſer ?

Je ne puis me flatter, Madame,
d’avoir rempli l’objet que je m’étois
propoſé ; il me faudroit votre goût,
votre diſcernement, votre aimable
enjouement pour avoir pû répandre
ſur ma Lettre un peu de ce badinage
& de cette légéreté, par leſquels les
Voitures, les Sévignés, faiſoient

quelque chofe d'un rien, & mon-
troient des fentimens où les autres
n'en auroient pas même foupçonné.
Pour moi, Madame, fi j'ai eu le mal-
heur de ne faire qu'un rien d'une auffi
belle & auffi riche matiere ; fi les fentimens m'ont manqué dans les occa-
fions où vous auriez dû plutôt vous
plaindre de leur trop grande abondance, j'efpére que vous ne me refu-
ferez pas le mérite de la bonne inten-
tion. Je me fuis propofé de fuppléer
à votre abfence, & de vous prévenir
l'efprit en cas de retour : fi je ne l'ai
pas fait, Madame, d'une maniere qui
foit digne de vous, prenez-vous-en à
l'excellence de votre mérite, il répand
une efpéce d'éclipfe fur les plus grands,
& me réduir, moi qui n'en ai point,
à la nature d'un Nain. Si vous n'avez
pas encore joüi, comme nous, de la
vûe des belles chofes dont je viens
de hazarder de vous entretenir ; permettez-moi de vous dire, Madame,
que tous ceux qui ont l'avantage de
vous connoître, que moi en particulier, nous y avons autant perdu que
vous, vous nous manquiez & prefque
tout nous manquoit ; combien de fois
ne nous fommes-nous pas écriés : Ah!

ſi Madame... étoit ici, nous verrions mieux, nous ſentirions plus vivement, nous jugerions plus ſainement. Vous nous auriez appris à diſtinguer le naturel d'avec le raiſonné, le vrai du ſtrapaſſé, le ſimple de l'héroïque, le bon du beau; où nous n'avons vû que des effets de l'art, votre pénétration nous auroit fait appercevoir des beautés de ſentiment & des fruits du jugement, vous nous auriez fait comprendre qu'il eſt dans l'Art de la Peinture, comme vous me l'avez quelquefois inſinué, quelque choſe de ſupérieur à elle-même, & vous nous auriez découvert la force de cette intelligence qui crée des idées, ou qui s'éleve aux plus ſublimes, pour en tracer les caracteres par des figures & des formes, qu'on ne trouve preſque jamais dans la nature, qu'après beaucoup d'études & des recherches preſque infinies. Nous attendons tout cela de vous, vous nous le devez en quelque ſorte, ſinon à titre de reconnoiſſance, du moins à celui de munificence & de libéralité. Ne differez donc pas long-tems de nous honorer & de nous enrichir de votre préſence, elle eſt ici déſirée avec des ſoupirs que je dirois presqu'enflâmés ; un aussi bon cœur que le vôtre pourra-t'il se refuser à tant d'empressement ? Vous y êtes intéressée vous-même, tant pour donner des marques de votre esprit, que pour vous procurer un amusement, qui ne sera pas un des moins piquans de ceux que le séjour de la Capitale offre & asûre à tous ceux qui sçavent goûter les dons de Minerve , veulent rire avec Thalie , ne refusent pas de badiner avec Momus , prêtent l'oreille aux accords d'Amphion , & se livrent quelquefois aux fêtes de Comus.

Je suis très-respectueusement ,

MADAME,

Votre très-humble , &c.

A Paris , le 4 Novembre 1750.

ADDITION.

Pendant qu'on travailloit à l'impression de cette Lettre, on a substitué au Mariage de Sainte Catherine de Pietre de Cortone, un autre Tableau du Feti. Il représente l'Apparition de Dieu dans le Buisson ardent : cet événement eſt traité de maniere, que la compoſition devient plutôt un paiſage hiſtorié, qu'un trait de l'Ancien-Teſtament traité hiſtoriquement. Il ſemble que l'Auteur ait pris plaiſir à cacher la ſcéne dans un des angles du Tableau ; cette méthode tient plus du génie des Flamands & des Allemands, que des Italiens : le Peintre n'a peut-être reculé à l'écart les objets les plus intéreſſans, que pour dérober en quelque ſorte à la vûe le peu de juſteſſe de ſes idées & les incorrections de ſon deſſein. Le païſage eſt d'un goût biſare & peu agréable, le choix des arbres eſt ignoble, & d'une nature peut-être peut rélative au Pays où l'événement eſt arrivé ; le feüiller en eſt peſant & de mauvaiſe touche, le coloris eſt la meilleure partie de ce Tableau, il eſt fier & vigoureux ; les oppoſitions de clair & de brun, & la réunion de la lumiere au centre du Tableau, produiſent tout l'effet que l'Auteur en pouvoit attendre : ces effets tout vifs qu'ils ſont, deviennent purement pit-toreſques, & l'on remarque dans ce Tableau plus de caprice que de beautés réelles.

F I N.

APPROBATION.

J'Ai lû par ordre de Monseigneur le Chancelier, un Manuscrit intitulé : *Lettre de Monsieur le Chevalier de Tincourt, à Madame la Marquise de ..... sur les Tableaux & Desseins du Cabinet du Roi exposés au Luxembourg* ; & je n'y ai rien trouvé qui doive en empêcher l'impression. A Paris, ce 12 Février 1751.

PICQUET.

PRIVILEGE DU ROI.

LOUIS, par la grace de Dieu, Roi de France & de Navarre, à nos amés & féaux Conseillers les Gens tenans nos Cours de Parlement, Maîtres des Requêtes ordinaire de notre Hôtel, grand Conseil, Prevôt de Paris, Baillifs, Sénéchaux, leurs Lieutenans Civils & autres nos Justiciers, qu'il appartiendra. SALUT. Notre amé le Sieur MERIGOT, pere, Libraire à Paris, Nous a fait exposer qu'il désireroit faire imprimer & donner au Public un Ouvrage qui a pour titre : *Lettre sur les Tableaux du Cabinet du Roi, exposés au Luxembourg* ; s'il nous plaisoit lui accorder nos Lettres de Permission pour ce nécessaires. A CES CAUSES, voulant favorablement traiter l'Expofant, Nous lui avons permis & permettons par ces Préfentes de faire imprimer ledit Ouvrage en un ou plufieurs Volumes & autant de fois que bon lui femblera, & de le faire vendre & débiter par tout notre Royaume pendant le tems de trois années confécutives, à compter du jour de la datte des Préfentes ; faifons défenfe à tous Imprimeurs, Libraires & autres perfonnes, de quelque qualité & condition qu'elles foient, d'en introduire d'impreffion étrangere dans aucun lieu de notre obéiffance ; à la charge que ces Préfentes feront enregiftrées tout au long fur le Regiftre de la Communauté des Imprimeurs & Libraires de Paris, dans trois mois de la datte d'icelles : que l'impreffion dudit Ouvrage fera faite dans notre Royaume & non ailleurs, en bon papier & beaux caracteres conformément à la feüille imprimée attachée pour modéle, fous le contrefcel des Préfentes ; que l'Impétrant fe conformera en tout aux Réglemens de la Librairie, & notamment à celui du 10 Avril 1725 ; qu'avant de l'expofer en vente le Manufcrit qui aura fervi de copie à l'impreffion dudit Ouvrage fera remis dans le même état où l'approbation y aura été donnée ès mains de notre très cher & féal Chevalier Chancelier de France le Sieur DE LAMOIGNON, & qu'il en fera enfuite remis deux Exemplaires dans notre Bibliothéque publique, un dans celle de notre Château du Louvre, un dans celle de notredit très cher & féal Chevalier Chancelier de France le Sieur DE LAMOIGNON, & un dans celle de notre très-cher & féal Chevalier Garde des Sceaux de France, le Sieur DE MACHAULT, Commandeur de nos

ordres, le tout à peine de nullité des Présentes ; du contenu desquelles vous mandons &
enjoignons de faire joüir ledit Exposant & ses
ayant causes pleinement & paisiblement,
sans souffrir qu'il leur soit fait aucun trouble
ou empêchement ; voulons que la copie des
Présentes qui sera imprimée tout au long au
commencement ou à la fin dudit Ouvrage ,
foi soit ajoûté comme à l'Original. Comman-
dons au premier notre Huissier ou Sergent
sur ce requis, de faire pour l'exécution d'icelles tous actes requis & nécessaires, sans de-
mander autre permission , & nonobstant cla-
meur de Haro , charte Normande , & Lettres
à ce contraires. Car tel est notre plaisir. Donné à Versailles , le dix-septiéme du mois de
Mars, l'an de grace mil sept cens cinquante-
un, & de notre régne le trente-sixiéme.

Par le Roi en son Conseil.

SAINSON.

*Regiſtré ſur le Regiſtre douze de la Chambre
Royale & Syndicale des Libraires & Imprimeurs
de Paris , N° 600. fol. 469. conformément aux
anciens Réglemens , confirmés par celui du 28
Février 1723. A Paris, le 21 Mai 1751.*

LEGRAS, *Syndic.*

www.ingramcontent.com/pod-product-compliance
Lightning Source LLC
LaVergne TN
LVHW021743170726
843503LV00004B/1693